KB235147

스도쿠
세상보기

즐거운지식 33

스도쿠로 세상보기

박동명 지음

<일러두기>

1. 저자가 기고한 당시 신문사 이름을 그대로 표기하였음. 따라서 2010년 현재를 기준으로 볼 때 일부 신문은 폐간, 신문 이름의 개칭, 또는 동일한 신문사 이름이라 하더라도 소유나 운영 주체가 바뀐 경우가 있다.

2. 중앙부처와 지방자치단체의 명칭은 언론보도 당시의 명칭을 그대로 사용한다.

3. 민주언론운동시민연합(약칭 민언련)은 '민주언론시민연합(명칭 개칭 2006. 03)'으로 개칭되어 현재에 이르고 있다.

인간은 평등하며 인간으로서의 존엄과 가치를 지니고 있다. 그래서 누구나 차별 없이 대접받고 싶어 하고, 행복한 삶을 추구하며, 정의롭고 조화로운 사회를 꿈꾼다. 또 정보화 사회에서 각종 정보로부터 소외되지 않는 '알 권리'를 갖고 있으며, 아름답고 깨끗한 환경과 삶의 여유 속에서 문화적인 혜택을 누리길 갈망하는 것이다.

그렇지만 우리 현실을 살펴보면, 세상이 거꾸로 되어 있는 단면을 쉽게 발견할 수 있다.

인간의 가치와 존엄이 훼손되는 경우가 많이 있으며, 각종 정보를 수용하는 데 있어서도 왜곡된 정보를 전달받기도 한다. 정직하고 성실한 사람이 항상 일터에서 존경받고 정당한 평가를 받는 것은 아니며, 근면하고 부지런히 일한다고 해서 언세나 부자가 되는 것은 아니다. 가진 지는 더 많은 것을 쟁취하려고 하여 갖지 못한 자를 억누르고 있는 현실은 아닐까? 어쩌면 자신의 기득권을 위해 유지하려는 사람들이 더 많은 '권력과 돈'을 장악하려고 하며, 사회의 부정에 가까이 다가서고 있는 자들이 권력과 이권을 그들의 손아귀에 쥐고 있는지도 모른다. 그리고 언론의 보도 역시 기득권층과 가진 자들의 입맛에 맞게 글을 쓰고, 권력층의 눈치를 보며 그들을 대변할 수 있는 환경이다.

그리하여 저자는 <거꾸로 세상보기>를 시도해 보았다. 사회의 주요한 흐름에 대해 저자의 주관적인 생각을 곁들여서 우리 세상이 좀 더 밝고 웃음이 넘치길 희망하였다. 또 신문을 뒤집어서 보통 사람들의 눈높이에서 볼 수 있도록 하였으며, 건강한 삶을 추구하는 사람들이 사회질서를 존중하며 교육제도를 바꾸어 나가는 방법, 그리고 가난하고 억눌린 자들의 주장을 담고 그들에게 작은 소망을 주기 위해 본서를 출간하게 되었다.

그래서 제1부에서는 PBC광주평화방송의 <함께하는 세상, 오늘!>(시사정보프로그램)에서 방송한 논평을 곁들인 뉴스를 정리하여, 여성, 아동, 노인, 장애인, 비정규 근로자, 농민, 실업자, 빈곤계층 등 소위 사회적 약자라고 불리는 사람들의 생각을 반영하고, 보통 사람들이 꿈꾸고 생각하는 소망들이 담길 수 있도록 하였다.

제2부에서는 '미디어 비평'과 신문에 기고한 칼럼을 중심으로 '거꾸로 언론보기'를 시도한다. <미디어오늘>과 <무등일보>, <시민의 소리>에 기고한 글을 모았는데, 지역 언론이 지역감정을 조장하는 형태, 갈등 부풀리기와 언론사 자사이기주의, 모 기업의 방패막이로 전락한 언론의 행태, 고사 직전으로 내몰린 언론사의 살아남기의 모습 등을 살펴볼 수 있다.

이를 통해 현재 언론운동의 흐름을 되돌아보는 중요한 계기가 될 것이며, 최근 미디어법의 개정에 따른 여러 가지 논란을 재조명하는 데 작은 역할을 할 수 있으리라 생각한다.

본서를 출간하면서 광주평화방송 장용주 사장님을 비롯하여, 당시 프로그램을 진행하신 박승호 차장님, 양복순 PD님께 감사드린다. 또한 당시 지면에서 커다란 협조를 해 주신 <미디어오늘> 이수강 기자님, <시민의 소리> 이광재 기자님 등을 비롯한 언론기관 종사자들에게 감사를 드린다.

그리고 한국학술정보(주) 채종준 대표이사님을 비롯한 관계자 여러분께도 감사드린다.

마지막으로 하나님의 사랑과 기쁨이 이 책을 접하는 여러분께 함께하시길 기원한다.

2010년 1월

박동명

목 차

제 1부

거꾸로

세상보기

◆ ⏺ 광주평화방송(PBC 광주99.9 Mhz, 여수99.5 Mhz)의 〈함께하는 세상, 오늘〉
(시사정보프로그램)에서 방송한 내용이다.
진행은 박승호 차장(보도제작국), 제작은 양복순 PD였으며, 저자가 광주전남 민
주언론시민연합 의장 자격으로 참여하여 방송한 내용을 정리한 것이다.

제1장 지역에 색깔을 입히다

01. 개혁대상이 된 농협

1) 농협의 실질적인 개혁을 요구하는 소리가 높은 가운데 부실 회원 농협 통폐합이 수면으로 떠오르고 있죠. 오늘 지방신문에서 일제히 다루고 있는 소식인 것 같은데 어떤 내용입니까?

☞ 새 정부 들어 농협개혁에 가속도가 붙고 있는 가운데 부실 회원조합 퇴출이 광주·전남에서도 시작됐다고 합니다(광주일보, 전남일보).

농협 광주지역본부와 전남 지역본부는 전국 1,366개 회원조합을 900개 안팎으로 정리한다는 중앙회의 방침에 따라 광주는 15개 조합 중 2개, 전남은 198개 조합 중 78개 등 모두 80개의 회원조합을 합병대상조합으로 결정, 사실상 올해 안에 퇴출을 완료할 계획이라고 24일 밝혔다. 전남의 경우 퇴출대상 조합이 기존 조합수의 39.4%에 달하는 대규모여서 통폐합 및 퇴출과정에서의 진통과 잡음이 예상되고 있습니다.

농협 전남 지역본부에 따르면 78개 부실조합은 32개의 '합병권고조합'(전국 193개)과 46개의 '합병추진예고조합'(전국 205개)으로 분류해 통폐합을 추진한다는 겁니다.

농협이 '농민을 위한 농협'으로 거듭나기를 바랍니다. 전남의 경우 퇴출대상 조합이 기존 조합수의 약 40(39.4)%에 달하는 대규모인데, 여기에는 필연적으로 조합에 근무했던 직원들, 그리고 그에 딸린 가족들이 해고의 슬픔을 겪어야 할 지도 모릅니다. 이런 고용조정과정 속에서 불합리한 점은 없는지 언론의 감시가 있어야 할 것입니다.

그리고 통·폐합 및 퇴출과정에서 나오는 지역 간의 갈등이나 진통, 잡음 등이 잘 해결될 수 있는 지혜를 모아야 할 것입니다.

2) 대기발령을 받은 부군수가 국가인권위원회 중재로 다시 보직을 받은 사실이 뒤늦게 알려져 문제가 되고 있는데 신문들은 어떻게 다루고 있습니까?

☞ 대기발령을 받은 부군수가 국가인권위원회 중재로 다시 보직을 받은 사실이 뒤늦게 밝혀졌습니다. 국가인권위원회(위원장 김창국)는 24일 전남도 내 모 부군수로 재직했던 이 모(55) 씨가 본청 총무과 대기발령을 받자 '행복추구권 침해'라며 전남지사를 상대로 낸 진정사건을 중재, 합의 종결했다고 합니다(전남일보).

전남도 내 한 군의 부군수였던 이 씨는 지난 1월 도 총무과로 대기발령을 받자 "도지사가 사전 의사타진이나 통보 없이 일방적으로 대기발령 인사를 결정한 것은 행복추구권 침해"라며 지난 2월 인권위에 진정서를 냈다고 합니다.

인권위는 지난 18일 인권침해 및 차별행위조사규제규칙 제26조에 따라 진정인 및 피진정인의 대리인이 참석한 가운데 합의서를

 또무지
세상보기

작성했는데, 도는 합의서에 "이 모 씨에게 적절한 보직을 부여하겠다."고 밝혔고, 19일 '지방공무원교육원 교수요원'으로 재발령을 냈습니다.

이와 관련해서, 국가인권위원회의 노력이 엿보입니다.

국민이라면 누구나, 서민, 공무원, 상인, 근로자 등 자신의 인권이 침해되었을 경우에 국가 인권위를 통해서 구제받을 수 있습니다. 이번에는 도지사가 사전 의사타진이나 통보 없이 일방적으로 대기발령 인사를 결정한 것은 행복추구권 침해라며 인권위에 진정서를 낸 경우인데, 인사권을 가진 관청이라 할지라도 합리적인 근거에 의하여 인사권을 행사해야 하고 인권을 침해해서는 안 될 것입니다.

따라서 권리가 침해된 공무원이 다시 보직을 받은 것은 잘된 조치라고 생각이 됩니다.

3) 영광 방사성폐기물 유치위원회가 폐기물 처분장이 영광지역에 유치되지 않을 경우 영광원전 폐쇄를 요구키로 해서 화제가 되고 있는데 어떤 내용입니까?

☞ 영광 방사성폐기물 유치위원회가 폐기물 처분장이 영광지역에 유치되지 않을 경우 영광원전 폐쇄를 요구키로 하는 등 강력히 반발하고 나섰습니다(전남매일). 이에 따라 처분장 유치에 소극적인 입장을 보이고 있는 영광군, 전남도 <전남매일 4월 24일자 1면>과 유치위 간 복잡한 대립양상을 보일 것으로 예상돼 귀추가 주목됩니다.

영광 방사성 폐기물 유치위원회는 24일 "하늘이 두 쪽이 나더라도 영광발전과 임시 보관되어 있는 폐기물의 안전한 관리를 위해 방사성 폐기물 관리시설은 영광지역에 들어와야 한다.”며 “전남도 박태영 지사의 명확한 입장을 확인하기 위해 25일 면담을 요구키로 했다.”고 밝혔습니다.

하나의 사안을 놓고 지역 내에서 여러 가지 의견이 나올 수가 있는데, 군에서는 소극적인 입장이라서 팔짱만 끼고 있을 것이 아니라 자치 단체(영광군)에서는 좀 더 적극적으로 다양한 의견, 타당하고 합리적인 의견들을 모을 수 있는 방법, 절차 등을 모색해야 할 것입니다.

전체 군민의 의사를 묻고, 또 여기서 결정된 것이라면 서로 다른 의견들을 양보할 수 있도록 지방자치 단체가 나름대로의 역할을 해야 할 것입니다.

4) 비도 오는데 이런 날은 버스승강장이 택시 승강장인지 구분이 안 되는데, 버스 승강장 정차공간인 버스 베이가 잘 지켜지지 않고 있다면서요?

☞ 원활한 교통흐름을 위해 광주시내 버스승강장에 설치된 버스 베이(bus bay)가 버스운전사들의 외면과 불법 주·정차를 일삼는 운전자들 때문에 유명무실해지고 있습니다(무등일보).

더욱이 이를 설치·운영하는 행정기관은 실태파악조차 못한 채 무관심으로 일관, 교통체증은 물론 운전자들에게 큰 불편을 주고 있어 개선책 마련이 시급합니다.

24일 광주시와 시민들에 따르면 광주시와 일선 자치구가 원활한 교통흐름과 사고예방, 승객들의 승·하차 편의 등을 위해 도심 버

세상보기

스승강장마다 버스 베이를 설치, 운영하고 있습니다.

하지만 대부분의 버스운전사들이 길이가 짧고 불편하다는 이유 등으로 진입을 기피하고 있습니다. 또 베이 이용률이 저조하자 택시와 자가용 등이 이곳에 마구잡이로 주·정차, 주차장으로 전락한 상태입니다.

저는 여기에선 지방자치 단체(광주시)의 역할과 버스운전기사들의 의식을 강조하고 싶습니다. 각종 차량들이 버스 베이를 점령해서 교통소통에 장애가 되고 있으면 빨리 단속을 해 주어야 하는데, 단속을 하지 않고 있습니다.

또 버스운전사들의 외면하는 부분들에 대한 애로점도 들어야 할 것입니다.

승객들도 차도 주차되어 있는 시내까지 걸어가서 버스에 승차해야 하니까 교통사고 위험도 있고, 불편합니다. 이번 기회에 광주시가 시내 버스승강장에 설치된 버스 베이(bus bay)에 관한 실태조사도 해야 할 것입니다.

(2003.04.25. 방송)

02. 지역불균형을 어떻게 해소하나?

1) 광주시와 전남도가 막대한 예산을 들여 실시하고 있는 시장개척단
   활동이 포장은 그럴싸한데, 성과가 없다는 기사가 올랐던데 어떤
   내용입니까?

☞ 지난 2001년과 지난해 각각 광주시의 지원과 주관으로 모두
네 차례의 시장개척단을 파견해서, 동남아 개척단의 경우에 지난해
13개 업체의 모두 415만 3,000달러의 계약 추진 성과를 거뒀고
2001년에도 11개 업체가 450만 2,000달러의 수출계약 의향액을 기
록했다고 합니다(무등일보).

또 지난해 11월 미주시장개척단은 153만 1,000달러의 계약을 체
결했다 밝혔습니다.

그렇지만 광주시는 이 같은 수출계약액 등 "성과"만 홍보하고, 그
후 실제 수출실적에 대해서는 파악조차 제대로 하지 못하고 있습니다.

전라남도의 경우도 지난해 5차례 해외 시장개척단을 파견해서,
바이어들로부터 2,530만 달러 수입의향을 보였다고 합니다.

그러나 정작 수출로 연결된 액수는 상담액의 2%인 158만 달러에
그쳤다고 합니다. 특히 지난해 4월 중국 성도에 파견된 시장개척단의
경우 상담은 있었지만, 수출은 단 한 건도 연결시키지 못했습니다.

또 2000년과 2001년도에도 해외시장개척단 활동으로 각각 2,400
만 달러와 187만 달러의 상담을 벌였으나 수출로 연결된 경우는
10%에도 못 미치는 부진한 실적을 보이고 있습니다.

그래서 광주시와 전라남도는 단발적인 상담이나 계약체결에 급

세상보기

급하기보다는 좀 더 꾸준하게 해외시장을 관리할 수 있도록 해야 합니다. 또, 해외시장개척단이 전문적인 지식을 갖출 필요가 있습니다. 그래서 해당 지역의 상품 구매 특성이나 수입 가능성을 면밀하게 조사할 필요가 있다고 봅니다.

2) 민주당의 신당 창당과 관련해 신중한 태도를 보였던, 광주·전남지역 민주당 의원들이 향후 진로에 대해 입장들을 표명하고 있죠?

☞ 통합신당론에 지역 국회의원들의 마음이 점차 기울고 있다고 합니다(전남일보). 신당 참여에 적극적인 입장으로 분류되고 있는 의원들은, 정동채(광주 서구), 김태홍(광주 북을), 김경재(순천), 이낙연(영광·함평), 김효석(담양·곡성·장성) 의원 등이라고 합니다.

또한 통합신당론에 대해 긍정적인 반응을 보인 의원들은 박주선(화순·보성), 강운태(광주 남구), 이정일(해남·진도)과 김상현 의원(광주 북을) 등으로 보도하고 있습니다.

그러나 김홍일(목포), 김옥두(장흥·영암), 김충조(여수), 김경천 의원(광주 동구)은 신주류 측의 일방적인 신당 추진에 불쾌감을 나타내며 참여 여부에 대한 유보적 입장을 나타내고 있습니다.

통합신당과 관련해서는 호남지역 의원들이 통합신당에 어떤 모습을 보이느냐가 중요할 것 같고, 지역 국회의원들의 경우에 내년 총선을 매우 의식하고 있기 때문에 앞으로 어떤 행보를 할지가 주목됩니다. 그리고 개혁국민정당, 민주노동당 등 정치세력들도 빠르게 움직이고 있기 때문에, 신당창당과 함께 광주·전남 정치권의 재편이 예상됩니다.

3) 심각한 지역불균형 문제를 해소하기 위해서는 지역사회에서 자구책을 마련해 중앙정부 차원의 지원이 따라야 한다는 의견도 제시됐죠?

☞ 성경륭 대통령직속 국가균형발전위원장과의 서면인터뷰에서 밝혀졌습니다.

성 위원장은 지역불균형을 줄이기 위한 가장 시급한 방안이 무엇이냐는 질문에 대해 "지방대학·지역산업체·지자체·시민사회 단체 등으로 지역혁신체계를 구축하고 지방이 자립적으로 성장할 수 있는 발전 동력을 만들어 가야 한다."고 답변했습니다.

그리고 "지역에서 이러한 계획을 세우면 중앙정부가 면밀하게 검토하고 지원해야 한다."고 덧붙였습니다.

한편, "광주·전남을 포함한 전국의 모든 지역이 전략적 중요성을 가지고 있기 때문에, 이제부터는 전 지역을 골고루 균형 있게 발전시켜야 한다."고 말했습니다(광주일보).

우리 광주전남 지역의 지방자립도가 전국적으로 최하위에 머물고, 또 국토발전에 불균형이 심화되어 있기 때문에 지역에 대해서 정부투자의 확대 등으로 기회균등을 보장하겠다는 것은 커다란 의미가 있다고 봅니다.

또, 과거 역대정권이 '정치적인 고려'에 의해 지역을 안배했는데, 이것보다는 '균형 있는 발전정책'이라는 측면에서 기대하는 바가 큽니다.

세상보기

4) 그런데 기온이 올라가고 있는데 아파트 저수조가 현행법상 위생 점
검 규정이 없어 제대로 관리가 이뤄지지 않고 있다면서요. 전염병에
그대로 노출돼 있다는 이야기나 마찬가지인데 어떤 내용입니까?

☞ 지난 99년 관련 법규의 완화로 행정당국의 의무 점검 규정이
사라지면서, 일선 구청들이 인력부족 등을 이유로 저수조 청소에
대한 위생지도점검을 거의 실시하지 않고 있다고 합니다(전남매일).
현재 연면적 5,000㎡ 이상 건축물이나 공중위생관리법상의 공중
이용시설 등의 저수조는 6개월마다 1회 이상 청소하고 위생 상태
를 매년 1회 이상 점검해야 하도록 되어 있습니다.
그러나 대부분의 일선 구청에서는 인력부족 등의 이유로 저수조
청소에 대한 위생지도점검은 거의 실시되지 않고 있다고 합니다.
따라서 아파트 등 대형 건축물 사용자 등은 저수조 관리에 적극적
으로 나서야 할 겁니다. 또 저수조 청소 지도점검에 대한 행정지도를
강화할 필요가 있고, 관련 법규의 정비도 검토해야 한다고 봅니다.

(2003.05.02. 방송)

03. '전남 쌀', 전국 최하위에서 벗어나다

1) 먼저 전남노의회가 의원입법 형식으로 '남북교류협력조례안' 제정
을 추진하고 있는데요. 해당 상임위원회 소속 일부 의원들이 조례안
제정에 반대 입장을 표명해 논란이 되고 있죠. 어떻게 된 겁니까?

☞ 전남도의회 행정자치위원회는 전종덕(민노·비례) 의원 등이 발
의한 '전남도 남북교류 협력 조례안'에 대한 심사를 벌일 예정입니다.

통일시대에 대비한 도 차원의 남북교류 사업 촉진을 위한 것이라고 합니다. 이 조례안은 모두 11조로 구성돼 있으며, 문화·학술·체육·경제 분야의 남북교류 및 통일정책의 원활한 추진을 위해 남북교류협력기금을 설치·운영하고 남북교류 협력위원회(지사 자문기구)를 두는 것 등을 주요 골자로 하고 있습니다(무등일보).

발의한 의원은 "법적 근거가 마련돼야 내실 있는 사업을 추진할 수 있고, 대북 농산물 교역이 활성화될 것"이라고 하는데, 이에 반대한 의원들도 있습니다.

반대하는 일부 의원들은 '실효성'이 없고 '국제정세'가 무르익지 않았다는 등의 두 가지 이유를 내세우고 있습니다.

즉 하나는, 현재 전남도의 재정 형편 등을 고려해 볼 때 기금을 설치하기 어려워서 시기상 맞지 않다는 것이고, 다른 하나는 안건을 상정하기 전에 토론회 등의 공론화 작업이 없었다는 겁니다.

아무쪼록 일반적으로 조례를 만들 때는 절차적으로 공론화 과정을 거치게 됩니다. 이렇게 찬반이 심할 때는 공청회 등을 통해서 의견을 수렴하는 것이 좋을 듯싶습니다. 또 농도라는 특성을 감안해서 통일에 대비한 '남북교류 협력'이 강화되길 기대합니다.

2) 최근 교육계에서 교육행정정보시스템 시행과 유아교육법 재정 등을 놓고 교육기관과 교직 단체가 강경대치하면서 학부모들에게 혼란을 주고 있는데요. 비판의 소리가 높아지고 있죠?

☞ 교육기관과 교직 단체, 관련 단체 간의 갈등 때문에 학사운영이 파국으로 이어지지나 않을까 우려가 됩니다.

우선 지난달 11일부터 가동에 들어간 NEIS(교육행정정보시스템)의 경우에 전교조와 교육인적 자원부 간에 대치로 이달 초부터 실시하고 있는 중간고사 성적처리조차 못할 처지에 있다고 합니다(전남매일).

이것은 성적입력과 처리방식이 정해지지 않았기 때문에 중간고사 성적을 CS(학교종합정보관리시스템)로 입력할 것인지, NEIS로 입력할 것인지 혼란스럽다고 합니다.

특히 대학 수시1학기 원서모집(6월3일부터 시작)이 정상적으로 이뤄지려면 최소한 이달 말까지는 성적정리가 끝나야 하기 때문에 학생과 학부모들이 불안해하고 있다고 합니다.

결국 단체들 간의 갈등에 따른 최대의 피해자는 학생들이 될 수 있기 때문에, 자신들의 이익보다는 학생들을 먼저 생각하는 자세가 중요하다고 봅니다.

3) 전국운송노조 화물연대 파업이 타결되었다면서요?

☞ 네, 화물연대 협상 사흘 만에 타결됐습니다.

화물 운송비 인상안 등을 놓고 지난 7일부터 노사 간 협상을 벌여 온 전국운송하역노조 화물연대 포항지부와 경북 포항지역 9개 운송업체들은 합의안을 도출해 냈습니다.

전국 운송하역노조 화물연대 광주전남지부도 오늘 철강업체와 최종협상을 타결 지었습니다. 화물연대와 철강업체 대표들은 오늘 오전 광양 태인동사무소에서 열린 협상에서, 화물운송료를 만 9천 원 인상하고 혼적화물은 안산시를 기준으로 1구간을 넘어설 경우 2만 원 추가지급, 이번 사태와 관련해 민형사상 불이익을 주지 않는 등 12개 항목을 합의했습니다.

일단 화물연대와 철강업체와의 협상타결을 환영하고, 서로 간의 양보와 타협이 이루어 낸 성과라고 생각합니다.

4) 그동안 경기미에 밀려 있던 전남 쌀이 전국 제1미의 자리에 오를 가능성이 커지고 있다는데, 이것은 어떤 소식입니까?

☞ 서울 쌀시장에서 매년 최하위로 경락되던 전남미가, 지난 3월 이후 충청미와 경상미를 제치고 경기미에 이어 2위로 급부상했고, 경기미와도 가격차가 좁혀지고 있다고 합니다(전남일보).

지난 4월 서울 가락시장 도매 경락시세가 80kg 1가마에 경기미 18만 6,000원, 경상미와 충청미가 16만 2,000원, 전남미는 16만 3,000원으로 2위권의 가격시세를 보인 것으로 조사됐습니다.

이에 따라 도는 전국 제1미로 전남미가 경기미를 제치고 최고 품질의 쌀로 자리 잡도록 종자선택에서부터 재배, 수확, 건조, 보관, 가공, 브랜드화 등에 역점을 두기로 했다고 합니다.

특히 2004 WTO 쌀 재협상과 품질에 따른 가격차별화가 심화되어 쌀 판매경쟁도 치열해지고 있는데, 미질위주의 쌀 생산 정책을 추진해야 할 걸로 생각되고, 지방자치 단체에서는 더욱 쌀을 고급화하려는 노력을 해야 할 것입니다. 또 앉아서 고객들을 맞이할 것이 아니라, 고객들을 찾아가는 마케팅(공격적 판촉활동)을 전개해야 할 것입니다.

(2003.05.09. 방송)

04. 광주민주유공자 예우는 '그림의 떡'

1) 민주당 내 정치개혁과 국민통합을 위한 신당추진모임이 신당창당 작업에 공식 착수한다면서요? 지방신문은 어떻게 다루고 있는지 소개해 주시죠!

☞ 민주당의 신주류 측은 60여 명이 참석한 가운데 신당추진모임('정치개혁과 국민통합을 위한 신당추진모임'(가칭))의 대표를 선출하고 결의문을 채택할 계획이라고 합니다(광주일보).

하지만 워크숍에 불참키로 한 구주류·중도파 의원들은 '민주당을 사수'한다는 입장을 보이고 있습니다. 그래서 분당(分黨) 위기가 고조되고 있습니다.

워크숍에서 신주류 측 발제자인 천정배(千正培) 의원은 개혁신당 창당의 당위성을 설명하면서 신당참여의 전제 조건으로 '기득권을 포기할 것'을 주장하고 있습니다. 또, '기존 정치인과 일반 국민이 동등한 자격으로 참여하는 국민참여 정당'이 되어야 한다는 겁니다.

반면에, 중도 및 온건파 측(발제자 배기선 의원)은 "민주당의 정통성을 창조적으로 계승하자"는 주장을 하고 있고, "민주당의 분당은 빈드시 막아야 한나"고 주장합니다.

그래서 신주류 측과 중도 및 온건파측 간에 갈등이 예상됩니다. 무엇보다도 중요한 것은 신당논의에 있어서는 정파의 이익보다는 '국민의 이익'을 우선적으로 고려해야 할 것입니다.

2) 5·18 관련 희생자들이 지난해 7월 광주민주유공자 예우에 관한 법률 발효로 유공자 지위를 받긴 했지만 정부 각 관련 부처와 협의가 되지 않았다는 이유로 상당수 혜택들이 그림의 떡이 되고 있다면서요?

☞ 국가유공자와 5·18 유공자는 각각 '국가 유공자 등 예우 및 지원에 관한 법률', '광주민주유공자 등 예우에 관한 법률'의 규정을 받고 있습니다.

5·18 유공자는 '광주민주유공자 등 예우에 관한 법률'의 적용을 받고 있기 때문에 연금혜택을 받을 수 없다고 합니다. 이것은 국가유공자가 연금을 지급받는 것과는 대조적입니다(전남매일).

5·18 유공자나 국가유공자 모두 교육, 의료 등에서 거의 비슷한 내용을 담고 있지만, 실생활에서 5·18 유공자들이 겪는 차별은 크다는 것입니다. 이것은 법률의 '시행령'에는 규정이 있지만, 정부 부처 간 협의가 안 됐다는 이유인데, 예를 들면 지난 90년 일시불로 받은 보상금은, 90년 지급당시 일반노동자 임금(70만~80만 원)에 의한 것이 아닌, 80년대 임금(21만 8,000원)으로 계산해서 장애 정도에 따라 지급됐습니다.

또 민주유공자법 시행령에는 장애를 입은 5·18 유공자는 보철용 차량을 구입할 때 등록세, 취득세, 자동차세 등을 면제받을 수 있다고 명시돼 있지만, 실제 혜택을 받지 못하고 있다고 합니다. 고속도로를 이용할 때도 국가유공자는 무료지만 5·18 유공자에게는 해당사항이 없으며, 시내·고속버스를 이용할 때도 5·18 유공자는 할인 혜택이 없는 형편이라고 합니다.

 모두를
세상보기

따라서 5·18 유공자들이 국가 유공자와 비슷한 혜택을 받도록 법률이 제정되었다면 제정취지에 맞게 실질적인 혜택이 돌아가도록 해야 할 것입니다.

3) 전남지역 일선 시·군이 서해안고속도로 주변지역 개발을 위해 건설교통부에 요청한 개발사업들이 상당수 누락돼 앞으로 사업에 차질이 예상된다는 데 자세히 전해 주시죠?

☞ 전라남도에 따르면 건설교통부가 국토연구원에 의뢰해 수립하고 있는 '서해안고속도로 주변지역 개발계획 연구용역' 초안 결과, 목포와 무안, 함평, 영광, 신안 등 도내 5개 시군이 요구했던, 100건의 사업 가운데 62건만 반영되고, 32건은 누락됐다는 겁니다(무등일보).

목포시의 경우는 22개 사업을 반영해 주도록 요청했는데, 삼학대교 건설과 망운-목포 간 고속도로 건설 등 10개 사업만 반영되고, 나머지 '목포 역사문화의 길 조성', '외달도 개발', '남도음식 별미촌 조성' 12개 사업은 반영되지 않았다고 합니다.

또 18개 사업을 신청한 무안군의 경우는, 실버타운 조성과 홀통 유원지 개발, 도리포 일출 관광타워 조성, 도청 신청사 진입도로 등 5건(2,115억 원)이 반영되지 못했고, 영광군도 총 35건의 개발사업을 요청했으나 군도 확포장과 성산공원 조성 등 무려 13건(3,318억 원)이 누락됐다고 합니다.

전라남도가 그동안 역점을 둔 문화 관광 분야의 많은 부분이 탈락돼서, 대대적인 개발전략 수정이 있을 수도 있지만, 새로운 신규

사업을 발굴하는 것이 중요할 것입니다.

4) 화물연대와 정부의 협상타결로 물류대란의 고비를 넘긴 지역기업들이 일단 안도의 한숨을 내쉬면서도 앞으로 운송비 인상협상 결과에 따라 원가부담이 불가피해져서 다시 마음이 무겁다. 어떻게 된 내용입니까?

☞ 운송업체와 화물연대 간 운송비 인상협상 결과에 따라 원가부담이 가중될 수밖에 없다는 겁니다.

물류비 추가부담은 삼성전자 광주공장·금호타이어·기아자동차 등 광주·전남 지역 주요 수출 기업들에 더욱 심각합니다(전남일보).

각 업체와 계약을 맺고 있는 운송회사들이 평균 15% 안팎의 운송료 인상을 할 경우 지역 업체들도 그만큼 추가 비용부담을 해야 합니다. 그래서 물류대란이 정상화되기는 했지만 앞으로 물류비용 부담이 커져서 수출경쟁력이 저하될 수 있습니다.

그래서 기업들은 향후 물류비용 상승은 불가피하다고 봅니다. 이를 상쇄할 절감요인을 찾는 등 대책을 강구 중이라고 합니다.

앞으로 물류비용이 크게 상승할 것 같은데, 물류비용의 상승에만 그칠 것이 아니라 물류의 효율성을 높이기 위한 정부차원의 대책과 물류시스템에 대한 개선 작업이 필요할 것으로 생각됩니다.

(2003.05.16. 방송)

 세상보기

05. 국립공원, 색깔을 입히다

1) 광주시 광산구청장 부인이 공무원 인사와 관련해 금품을 받은 혐의로 검찰에 구속됐죠? 지방자치 단체장 가족이 구속되는 일이 심심치 않게 발생하는군요?

☞ 지자체 단체장의 배우자나 가족이 비리에 연루된 사례입니다. 광주시 광산구청장 부인 이 모(59) 씨가 어제(22일) 공무원 인사와 관련해 수천만 원의 금품을 받은 혐의(제3자 뇌물취득)로 구속됐는데, 이것은 광산구청 사무관 승진 인사와 관련해 공무원 7명으로부터 300만 원에서 1,000만 원을 받는 등 모두 5,200여 만 원의 금품을 수수한 혐의입니다(광주일보).

또 최근 수해복구 및 군 발주공사 등과 관련해 공사 알선 대가로 금품을 받은 혐의로 모 군수의 동생이 검찰의 내사를 받고 있습니다.

그리고 지난 2000년 광양시장 부인인 김 모(59) 씨도 광양시 공무원들의 인사와 관련해 수천만 원 대의 금품을 받아 사법처리된 적이 있습니다.

이와 함께 공무원 인사 때마다 관가 안팎에서는 단체장의 배우자나 친척에게 인사를 부탁해 승진했다는 소문이 무성하고, 수의계약과 관련해서도 단체장 가족이 개입했다는 얘기가 심심찮게 나오고 있습니다.

그래서 공직자가 직접 금품을 받지 않았다 할지라도, 주변의 가족이나 배우자들이 비리에 연루되면 해당 단체장에게도 책임을 묻는 제도적인 장치가 마련되어야 할 것입니다.

2) 최근 국립공원 이용이 늘어나고 있죠. 특히 남도는 해상국립공원
   등 여러 국립공원이 있는데 국립공원도 이제 색깔 있게 개발해야
   된다는 주장이 제기됐다면서요?

　☞ 이것은 오늘(23일) 국립공원관리공단 주최로 열린 '참여정부의 국립공원 관리방향'을 주제로 한 심포지엄에 앞서 제기됐는데, 발표를 한 몇몇 교수들의 내용을 살펴보겠습니다(전남매일).

　주제발표를 한 오구균 호남대 교수는 "국립공원 개발과 훼손은 생태계 파괴와 생물자원 멸종을 초래한다."고 밝히고 있습니다. 그래서 "20개 국내 국립공원 등산로 주변 훼손지 면적(2001년 현재 200만㎡)을 복원하는 경비만 2,000억 원이 필요하다."고 지적했습니다.

　또 직원이 과거에 비해서 줄어들었는데, 그나마 직원 대부분이 매표소, 대피소 관리 등에 투입돼 있어서 공원관리가 완전 방치된 상태라는 겁니다.

　그래서 관리예산을 확대하고, 국립공원 공유화 기금을 설치해서 전문적인 국립공원관리체계가 마련돼야 한다고 주장했습니다.

　고철환 서울대 교수 역시 발표를 통해서, "해상·해안 국립공원의 기능 차원에서 생물·생태계보전을 장기적인 안목의 심층 개발이 필요하다."고 지적하면서, 현행 자연생태연구소를 확대해야 한다고 지적했습니다.

　양병이 서울대 교수는 주 5일 근무제 확대되어 국내관광수요가 늘어나는데, 현재의 공원시설은 환경 친화적이지 못해서 환경 친화적 숙박시설조성이 필요하다고 주장했습니다.

　그래서 참석한 교수들은 특히 중저가의 테마형 숙박시설인 패션형

세상보기

주택과 농촌 민박시설 활성화되어야 한다고 했는데, 주 5일 근무제가 확대돼서 여가시간이 늘어나니깐, 아무래도 국립공원 이용이 늘어난 것입니다. 국립공원에서 입장료만 너무 의존하지 말고, 자연 생태계 보존이랄지 환경 보전 등에 더 많은 역할을 해야 할 것으로 봅니다.

3) 그런데 관광을 활성화하기 위해서는 자치 단체장의 마인드가 먼저 개선돼야 할 것 같은데 어떻습니까?

☞ 최근 도내 한 자치 단체 회의장에서 발언한 자치 단체의 발언에서 그 마인드를 엿볼 수 있습니다.

A군에서 열린 관광협의회에서 이 자치 단체장이 "지자체의 관광 발전을 위해 도가 왜 지원을 하지 않느냐?"는 물음에 대해서, "지금은 관광자원이 중요한 것이 아니라, 관광 프로그램이 중요하다."라는 답변을 해 주었다고 합니다(무등일보).

그 예로 함평 나비축제를 들었는데, 관광자원이 없는 함평군은 '나비축제'라는 프로그램으로 전국의 수많은 관광객을 끌어들이고, 또 친환경농산물의 이미지를 부각시켜 농산물의 판촉에 성공, 군 발전에 기여하고 있다고 설명했습니다.

주어진 지역 관광자원을 제대로 활용하지 못한 채, 외부의 지원에만 의존하려는 안이한 일선 자치 단체장의 모습을 보도하고 있습니다.

또, 한 가지 사례가 있습니다. 지난 2000년 오스트레일리아의 한 기업은 도내 B군과 접촉, 관내 한 섬에 400억 원의 자본을 투입해 자연경관을 살린 대규모 관광지를 개발키로 했다고 합니다.

그렇지만 이 섬에는 거주하고 있는 다섯 가구 주민 가운데 두

가구의 반대에 부딪혀 사업추진이 난관에 부딪혔는데, 이곳 자치 단체장의 태도가 한심합니다. 즉 "이런 문제는 군이 관여할 문제가 아니니까 사업자가 알아서 해결하라."는 것입니다. 결국 이 사업은 무산돼 다른 자치 단체로 넘어갔다고 합니다.

광주와 전남지역을 찾는 관광객들은 늘어나고 있는데, 전국의 지자체가 외자유치를 위해 혈안이 되고 있는 상황에서 일선 시·군의 자치 단체장의 열린 마인드가 필요하다고 봅니다. 또 여러 가지 프로그램들, 축제들도 내실 있게 운영되도록 해야 할 것입니다.

4) 최근 광주·전남지역의 부동산 경매가 급증하고 있다고 하는데 이것은 개인파산과 영향이 있겠죠?

☞ 자신이 살고 있는 주택이나 아파트 등 부동산을 담보로 한 대출이 급격히 증가했고, 신용카드를 과도하게 사용해서 신용불량자가 늘어난 것도 하나의 원인입니다(전남매일).

광주·전남지역에서 법원 경매로 나온 물건은 어제(22일) 현재 300건에 육박하고 있어요.

부동산 경매물건을 구분해 보면 아파트가 제일 많아서, 전체 경매물건 중 35%에 이르고 있고요, 단독·다가구 주택도 최근 들어 늘고 있다고 합니다.

대지·임야·전답 등은 물론 예전에는 거의 경매물건으로 나타나지 않았던 상가·오피스텔·근린시설 및 연립·다세대·빌라 등의 물건도 이달 들어 급격히 늘고 있는 상태라고 합니다.

이와 같은 법원 경매물건은 지난해와 비교할 때 거의 100%에

세상보기

가까운 증가율이라고 합니다.

사회적인 약자, 경제적인 약자들이 늘어나고 신용카드 빚 때문에 죽음을 선택한 기사도 있었습니다. 서민들의 고달픈 삶이 이제 법원 경매물건의 증가를 통해서 여실히 증명되고 있습니다.

정부에서는 이런 신용불량자나 침체된 지역경제의 활성화를 위한 대책을 시급히 세워야 할 것입니다.

(2003.05.23. 방송)

06. 쓰레기 처리비용, 전국 최고

1) 최근 그린벨트해제를 앞두고 환경현안을 둘러싼 광주시와 환경시민 단체 간 의견차가 좀처럼 좁혀지지 않고 있어 마찰이 예상되는데 지방신문들은 어떻게 다루고 있습니까?

☞ 그린벨트해제를 앞두고 있는 어등산의 개발과 상무소각장 재가동 등의 현안을 놓고 광주시와 환경시민 단체 간에 마찰이 예고되고 있습니다.

어등산 개발의 경우를 보면, 광주시는 해제 대상지 84만 평 가운데 40만 평은 녹지로 보전하면서 나머지 44만 평은 테마파크를 만들 계획이라고 합니다(전남일보).

2008년까지 민간자본을 유치해서, 18홀 규모의 골프장과 스포츠센터, 특급 및 가족호텔, 예술공원이 건설된다고 합니다.

환경 단체에서는 어등산을 골프장 중심으로 개발할 경우에, 건교부와 환경부를 상대로 그린벨트 해제 무효가처분 신청 등 법적 대응도 불사하겠다는 입장입니다.

그리고 상무소각장의 가동중단 원인과 재가동에 대해서도 환경 단체와 시·광주환경공단 간 마찰이 일고 있습니다. 환경·주민 단체와 공단 측은 일단 원인 규명을 위한 검증단구성에는 합의했지만, 6인으로 구성될 실사단의 전문가 추천 방법에 이견을 보이고 있습니다.

어등산 개발문제나 상무소각장문제 등은 주민들의 의견수렴이 적극적으로 반영되어야 하고, 광주시에서도 갈등의 원만한 해결을 위한 노력이 있어야 할 것으로 보입니다.

2) 그런데 광주시 쓰레기 처리비용이 전국에서 가장 비싸다는데 어떻게 된 겁니까

☞ 광주시 각 자치구의 생활쓰레기 처리비용이 다른 지역에 비해 최고 2배 이상 높은 것으로 나타나고 있습니다.

광주시의회 최영호 의원의 시정질문 자료에 따르면, 지난해 광주시의 톤당 쓰레기 처리비용은 7만 6,000원으로 전국 대도시 가운데 최고 수준으로 조사됐다고 합니다(전남매일).

광주 동구의 경우 지난해 톤당 쓰레기 처리비용이 9만 4,000원, 서구 7만 4,000원, 남구 10만 원, 북구 6만 1,000원으로 조사됐다고 하는데, 이것은 대구시 동구(4만 9,000원) 북구(4만 5,000원) 달서구(3만 7,000원)에 평균 57%나 많은 것으로 나타났습니다.

그런데 이처럼 광주 지역 쓰레기 처리비용이 높은 것은 각 구청들이 처리대행업체를 독점 계약하고 있기 때문이라고 합니다. 이것은 대

 세상보기

구시의 경우 경쟁 입찰을 통해 업체를 선정하는 것과는 대조적입니다.

3) 5개 자치구가 독점 계약을 고집해 경쟁 입찰로 업체를 선정한 대구보다 쓰레기 처리비용이 두 배라고 하던데요?

☞ 광주시 5개 자치구가 생활쓰레기 처리를 1개 업체와 독점 계약하고 있고, 또 처리비용마저 각각 다르게 나타나고 있습니다.

방금 말씀 드린 것처럼, 대구시의 경우는 공개경쟁입찰을 통해 톤당 단가제를 채택하고 있습니다.

대전의 경우는 민간위탁 방식이 아닌 도시개발공사에 대행해 처리하고 있습니다. 그래서 대전도 톤당 처리비용이 6만 8,000원에 불과합니다(무등일보).

그렇지만 광주시 5개 자치구 생활쓰레기 처리제도만이 고비용, 저효율 구조를 보이고 있어서 생활쓰레기 처리비용으로 주민의 혈세가 낭비되고 있습니다.

다른 도시보다 광주시 5개 자치구의 쓰레기 처리비용이 유독 비싼 이유가 뭔지를 정확히 따져서, 그 개선책을 빨리 마련해야 할 것입니다.

4) 내일 바다의 날인데 바다를 생계의 터전으로 삼고 있는 전남 어민들이 못 살겠다는데 어떻게 된 내용입니까?

☞ 수산물 증산정책과 수입 수산물 증가 등으로 전남지역 양식 어민들의 고통을 겪고 있다는 것입니다.

특히 연안수산자원이 고갈되어 가는 상황에서, 양식비용은 늘고,

판매가격은 떨어지는 악순환 때문입니다.

여수대학교에서 열린 제8회 바다의 날 기념 학술 심포지엄의 '전남 양식업의 현황과 문제점'이라는 주제발표(서남해수어류양식수협 임영윤 조합장)가 눈길을 끕니다.

주제 발표에 따르면, 지난해 활어수입량이 1만 5,610여 톤으로 전년대비 무려 51.56% 증가했고, 정부의 '기르는 어업' 정책이 소비와는 아무런 상관없이 증산 위주로 추진되고 있습니다. 그래서 생산성이 크게 떨어지게 되었습니다.

이처럼 저가 수입활어가 국내 시장을 잠식하고 있다는 것이고, 이런 상황에서 어가의 소득은 줄고 부채는 늘어서 어가의 고통이 이만저만이 아닙니다.

어가의 평균 소득은 연 2,182만 원으로 전년의 2,225만 원에 비해 2.0% 줄었다는 통계(통계청, 2002년 어가경제 조사결과)입니다.

그렇지만 어가부채는 지난해 말 현재 가구당 1,749만 원으로 전년 말(1,547만 원)보다 13.1% 늘었다는 겁니다.

민생경제가 어려워지고 있는 상황에서, 어가도 예외는 아닌데, 한숨만 쉬고 있는 양식 어민들에게 희망을 줄 수 있는 효율적인 양식정책이 마련될 수 있기를 기대합니다.

(2003.05.30. 방송)

07. 보훈행정, 맞춤형 될 수 없나?

1) 현충일이 올해로 48돌을 맞고 있지만 비현실적인 보상금으로 유공자들을 울리고 있는데요. 지방신문은 이 내용을 어떻게 다루고 있습니까?

☞ 현재 보상금을 받고 있는 국가 유공자 및 유족 등은 모두 25만 2,341명인데, 광주·전남지역은 3만 1,000여 명이라고 합니다.

그러나 문제는 최저생계비 이상의 보상금을 받고 있는 대상자는 전체의 49.2%로 절반에도 못 미치는 상황이라고 합니다. 그래서 대다수의 국가 유공자와 그 가족들이 생활고에 허덕이고 있다고 합니다.

또, 유공자에게 취업보장, 교육비 감면, 세제감면 등 다양한 혜택을 주고 있지만, 유공자 가족에게는 별다른 도움이 되지 못하고 있습니다.

실세 어린이 집이나 유치원 교육비는 감면대상에서 제외되는 경우랄지, 취업보장 혜택의 경우도 원하는 직장을 소개받지 못한달지, 그리고 차량을 구입할 경우에 각종 세제혜택과 함께 LPG차량을 구입할 수 있지만, 차량의 배기량을 2,000cc 이상으로 제한하고 있어서 '그림의 떡'이나 마찬가지라고 합니다.

유공자 심사가 규정에 얽매어 있어서, 유공자 등급 판정에 불만을 가진 사람들의 행정소송도 잇따르고 있다는데, 승소율이 높다는 겁니다. 지난해 광주지방보훈청에 행정소송을 제기한 건수는 모두 64건인데, 이 가운데 50%(33건)가 승소를 했다고 합니다.

그래서 정부가 적극적으로 나서서 현실적인 보상체계를 마련해야 하고, 현충일을 맞이해서 유공자와 그 가족들에게 관심을 갖는 자세가 중요할 것입니다.

2) 보훈금 상속 대상자도 제한적이고 설령 있다고 하더라도 규정이 까다롭다는 것은 큰 문제군요?

☞ 그렇습니다. 연금수혜자가 사망할 경우 배우자나 20세 이하의 자녀에게만 연금의 절반만을 지급할 수 있도록 하는 보훈금 상속 규정이 현실을 무시하고 있다는 겁니다(전남일보).

이렇게 상속이 제한되고 있어서, 연금으로 최저생활을 하고 있는 며느리 등 유공자 가족들이 전혀 혜택을 보지 못해서 거리로 내몰리는 경우도 있다고 합니다.

최근 시아버지 사망으로 가족이 연금을 받지 못하고 있는 이 모(40, 여) 씨의 경우를 살펴보면, "시아버지 생존 당시 매월 90만 원정도 연금을 받아 그럭저럭 생활을 해 왔지만, 사망과 동시에 연금지급이 중단돼서 살길이 막막하다."고 하는데, 국가의 적극적인 보훈행정이 요구된다고 할 것입니다.

3) 내실 있는 정책이 시급히 마련돼야 할 것 같은데 어떻습니까?

☞ 그렇습니다. 상이군경회 광주시지부 관계자는 "쥐꼬리만 한 보상금과 현실적이지 못한 혜택으로 인해 힘들게 생활하는 가족들에게 얼굴조차 들 수가 없다."며 "정부 차원에서 혜택을 확대하고, 국가유공자로서의 자부심을 잃지 않을 수 있도록 해 줬으면 한다."고 요구했습니다.

또 5·18 유공자회 관계자도 "광주항쟁 유공자법이 제정되긴 했지만 부처 간 협의문제로 여전히 부족한 점들이 많다."고 호소하고 있습니다.

이에 대해 광주지방보훈청장은 "각 해당자에 맞는 '맞춤형 보훈 행정'을 통해 보훈가족의 불만을 최소화하겠다."고 하는데, 얼마나 개선될지는 의문입니다.

4) 어제 노 대통령이 청와대에서 열린 전국 시장·군수·구청장 초청 특강을 통해 정부에서 쓰고 있는 연간 5조 원 가량의 연구개발비를 집중적으로 지방에 내려보내 지방대학과 산업에 쓰이도록 하겠다고 발언해 화제가 되고 있는데요. 어떤 내용인지 자세히 소개해 주시죠?

☞ 노 대통령은 "도로 보조금, 사회간접자본 다 좋지만 그 지역 대학의 수준을 높이고 젊은이들을 흡수하고 그 지역의 대학이 산업을 뒷받침해 주는 시스템으로 지역에서 대학과 산업이 함께 성장할 수 있도록 해 보자"는 특강을 했습니다(전남매일).

그렇지만 "연구개발비를 받아 가려면 준비가 돼 있어야 한다."며

"어떤 아이템을 할 것이냐, 어떤 산업체와 제휴할 것이냐 (등에서) 효율성 있는 계획이 있는 지방에 집중적으로 지원하려 한다."고 각 지방에서 먼저 발전전략을 수립할 것을 요구했습니다.

또 "연구소 100개가 2~3년 내에 지방으로 내려간다."며 "지방에서 연구소를 유치할 수 있게 여건을 조성해 주고 (지방으로) 가는 연구소는 화끈하게 밀어서 가도록 하겠다."고 강조했습니다.

노 대통령은 특히 지방발전 전략 차원에서 선택한 광주의 광산업 등에 대해 언급하면서, "경쟁력을 갖고 가장 가능성이 높은 사업에 집중적으로 지원하겠다."고 지방에서 먼저 경쟁력을 갖출 것을 거듭 주문하기도 했습니다.

지방이 살려면 지방대학, 산업체가 살아야 합니다. 그리고 이것이 활성화될 때, 지역균형 발정이 이루어질 수 있을 것입니다.

5) 오는 8월부터 시행되는 중국강제인증제도에 지역수출업체의 무관심과 정보부족으로 중국수출에 차질이 우려되고 있다는데 이 소식도 자세히 전해 주시죠!

☞ 먼저, 중국강제인증제도(China Compulsory Certification)를 잠깐 설명해야 될 것 같습니다.

이 제도는 주로 전기·전자제품, 자동차 등의 제품에 대한 안전 및 품질 인증제도인데, 우리나라에서 중국으로 수출되는 품목은 반드시 중국 인증기관으로부터 CCC마크를 받아야만 중국에 수출할 수 있습니다. 오는 8월 이 제도가 본격 시행될 예정입니다(광주타임스).

광주·전남지방중소기업청에 따르면 올해 두 차례에 걸쳐 신청을 접수받았는데, 중국강제인증 획득 지원을 신청한 업체는 단 한 곳도 없다는 것입니다.

특히 '중국강제인증제도' 관련 분야를 컨설팅하기 위한 지역 내 전문 컨설팅 업체가 전혀 없다는 점도 문제 입니다.

제도 시행 이후 이 인증을 받지 못하면 중국에서 통관은 물론 출고·판매할 수 없습니다. 그래서 막대한 수출차질이 불가피할 것으로 보입니다. 경우에 따라서는 1만~3만 위안(160만~480만 원)의 벌금도 부과될 수 있다고 합니다.

특히 신청에서 인증 승인까지 2~3개월의 기간과 1,000만 원 이상 비용이 소요되는데, 지역 수출업체들이 인증획득을 하려고 할 때, 중소기업은 소요비용의 50%, 최고 700만 원까지 중기청에서 지원한다고 합니다.

이러한 인증 제도에 대해서 적극적으로 홍보하는 노력이 필요할 것입니다. 또 이 업체들이 관심을 기울여야 할 것입니다.

6) 휴대폰 정액요금제도가 통신업체의 잇속으로 소비자 불만의 소리가 높은데 이 소식도 전해 주시죠!

☞ 정액요금제는 월정액으로 2만 원, 2만 5,000원, 3만 원을 약정하면 일정량의 문자메시지와 전화통화가 가능한 상품인데, 이 금액이 초과되면 자동으로 발신이 정지가 됩니다(전남일보).

그래서 이 요금제는 미성년자들의 무분별한 통화를 할 수 없도록 해서, 최근 학부모들로부터 인기가 높아 가고 있습니다.

그렇지만 문제는 이러한 약정액에는 기본 통화료만 규정된 것이고,

실제로 청소년들이 주로 이용하는 무선인터넷 접속료나, 게임이용료·벨소리 등은 정보이용료 등은 추가 부담하고 있다는 것입니다.

예를 들면, 한 소비자가 "아이들에게 월 2만 5,000원의 정액요금 핸드폰을 사 주었는데, 지난달 요금 청구서에는 3만 9,000원이 청구됐다."고 합니다. 그래서 통신업체에 항의했는데, "무선인터넷과 게임이용료 등이 포함됐기 때문"이라는 답변을 받았다고 합니다.

소비자들은 "가입 시 이에 대한 설명이 없었고, 또 청소년들은 통화보다는 문자나 음악서비스를 많이 이용하는데 이런 부분이 약정금액에 제외돼 있어서, 통신회사가 이익만 챙기고 있다."고 불만을 토로하고 있습니다.

아무리 영리를 추구하는 회사라고 할지라도, 미성년자에 대한 배려가 있어야 한다고 봅니다.

또 미성년자가 핸드폰 구입 때 부모 동의 없이 추가충전을 해 주지 말도록 약정해서, 뭔가 피해를 막는 장치가 필요할 것입니다.

(2003.06.06. 방송)

08. 계약은 투명하게 하라

1) 광주시 남구가 남구종합문예회관 건립사업을 벌이면서 수개월간 공장가동이 중단된 무자격 업체와 수의 계약한 것으로 밝혀져 물의를 빚고 있는데요. 지방신문들은 어떻게 다루고 있는지 전해 주시죠!

☞ 광주 남구는 공공기관 대체에너지 이용을 의무화하는 사업의

일환으로, 오는 7월 개관예정인 남구종합문예회관에 대체에너지 시설을 추진 중이라고 합니다.

근데, 여기는 태양광과 태양열 등으로 사업비가 4억 5,000만 원 규모가 된다고 합니다. 그래서 지난달 28일에 화순 도곡 농공단지에 입주한 Y산업과 약 3억 원에 수의계약하고, 태양광 모듈과 인버터를 제작·납품 받기로 했다는 겁니다(무등일보, 전남일보).

보통 3,000만 원 이상 사업이면, 공개입찰(전자견적) 방식으로 발주하지만, 농공단지 입주업체가 직접 생산한 물품에 대해 수의계약이 가능하도록 되어 있습니다(국가계약법).

그런데, 문제는 수의계약을 한 업체인데, 이 업체는 오래전 가동을 중단한 업체라는 겁니다.

이 업체의 계열회사가 이 회사의 이름을 빌어 계약을 체결했지 않았나 하는 의혹을 사고 있는데, 현지를 방문한 기자에 의하면, 공장 문이 닫혀 있고 공장 마당엔 잡초가 무성해서, 가동이 장기간 중단된 것 같다고 합니다.

더구나 이 같은 수의계약의 문제점을 지적하는 글이, 남구 홈페이지에 올려졌는데도, 이 글이 삭제돼서 은폐 의혹까지 받고 있습니다.

예나 지금이나 공사를 벌이는 곳에는 비리가 존재할 소지가 많은데, 특히 수의계약에 관한 부분은 무엇보다도, 계약에 대한 투명성을 확보하기 위한 제도적인 장치가 마련되어야 할 것입니다.

2) 어려운 가계살림에 비교적 싼 가격에 물건을 구할 수 있는 중고품 재활용센터에 요즘 물건이 없다는 소식이 있는데, 이게 어떻게 된 겁니까?

☞ 서민들은 보통 중고품재활용센터를 많이 이용하는데, 경기가 침체되면서 중고품 매물도 줄어서 원하는 물건을 찾기가 쉽지 않습니다(전남일보).

공급은 달린 반면에 수요는 크게 늘어나서 중고 제품 값이 치솟고 있습니다. 그래서 신제품과 별반 차이가 없다고 합니다.

광주시 각 구청과 재활용 업계에 따르면, 최근 2～3개월 동안 TV와 냉장고, 소파, 가구 등 중고재활용품의 판매량이 20～30% 정도 늘었지만, 공급물량이 부족해서 판매가격이 신제품의 70～80% 선까지 올라갔다고 합니다.

가뜩이나 경제도 어려운데 재활용 가격도 올라서, 서민들만 울상인데, 경제가 하루빨리 침체에서 벗어났으면 하는 바람입니다.

3) 지난 4일 자신의 딸을 납치한 납치범의 흉기에 찔린 40대 가장의 죽음과 관련해 잠복근무 중이던 경찰이 소극적으로 대처한 것이 인정됐다는데 이 소식도 자세히 전해 주시죠!

☞ 목포경찰서장하고, 수사과장, 현장에 나갔던 형사들의 대처가 소극적이라는 겁니다.

경찰청 감사결과에 따르면, 목포경찰서장은 지난 3일 밤 관사에서 납치사건 발생 보고를 받고도, 즉시 현장에 나가지 않다가 다음 날 새벽 0시 20분께야 경찰서에 나왔습니다(전남일보).

 세상보기

또한 수사과장은 납치범이 정 씨에게 흉기를 휘두르는 급박한 상황인데도, 현장에서 8㎞ 떨어진 파출소에서 수사를 지휘하는 등 안이하게 대처했다는 겁니다.

특히, 현장에 나갔던 형사들도 정 씨가 납치범과 격투를 벌이는 과정에서도 적절히 대처하지 못했다는 겁니다.

국민의 생명과 재산을 지켜야 할 '민중의 지팡이'의 모습을 보고, 누구를 믿어야 할지 고민이 되고, 좀 더 적극적으로 '힘 있는 경찰'이 되어 주기를 기대합니다.

4) 시대의 변화에 따라 학칙도 현실에 맞게 개정돼야 한다는 주장이 제기됐는데, 타당성 있는 요구 같아요?

☞ 광주시내 일선 중·고등학교에서 시행하고 있는 학칙 대부분이 엉터리라고 합니다(전남매일).

또 수년 전에 사문화된 조문이 적용되고 있고 감독기관도 허술하게 대처해서 무책임한 행정을 일삼고 있다는 겁니다.

학칙은 학교운영위원회 의결을 거친 후에 관할 교육청의 인가를 받아서 적용되는데, 시내 중·고교에서 적용 중인 대부분의 학칙은 학교장이 자의적으로 해석하고 있을 정도로 객관성이 크게 결여됐다는 겁니다.

예를 들면 퇴학처분 시에 그 사유를 보겠습니다. 품행이 불량해 개전의 가망이 없다고 인정된 자, 정당한 사유 없이 결석이 잦은 자, 기타 학칙을 위반한 자를 대상으로 하고 있는데, 도대체 어느 정도를 가지고 불량하다는 것인지, 개전의 가망이 있고 없는 것의 판단 기준은 무엇인지, 결석이 잦은 자는 몇 번 결석한 것을 말하는지 명확하지 않습니다.

그래서 퇴학 처분받은 학생이나 학부모들이 법적인 이의를 제기하면, 학교 측에서 패소 가능성이 높은 것입니다.

또 과외금지 규정의 경우를 보면, 지난 2001년 7월 개인과외가 신고제로 바뀌었으니까, 당연히 폐지돼야 하는데 상당수 학교의 교칙에는 여전히 '과외교습을 받은 학생에 대해서는 퇴학 처분하도록 규정'하고 있다는 겁니다.

그래서 변화하는 현실에 맞게 학칙이 정비되어야 할 것입니다.

학칙을 정비할 때 실제적으로 학칙을 적용받고 있는 학생들의 대표도 참여할 수 있도록 해야 할 것입니다.

(2003.06.13. 방송)

09. 은행, 파업하다

1) 파업 3일째를 맞고 있는 조흥은행 사태 때문에 은행업무가 크게 차질을 빚고 있죠?

☞ 네, 전산망 다운에 대한 우려감도 커지고 있습니다.

조흥은행 호남본부에 따르면 20일 오전 현재, 영업이 마비된 점포가 전체(476개)의 35.7%인 170여 개에 달하고 있다고 합니다. 이중에서 광주에는 6곳이 폐쇄됐고, 영업을 하고 있는 점포들도 인력이 부족하여 업무가 가중돼서 정상적인 영업이 힘들다고 합니다(광주일보).

그런데 일부 고액예금자들은 예금보호 한도인 5,000만 원 이하

로 분산 예치하는 경우도 있다고 합니다. 또, 파업이 3일째를 맞아
서 현재 자금 부족액 규모가 4조 2,000억 원에 달하고 있습니다.

정말 시민들의 불편이 가중되고 있고, 정부는 농성 현장에 공권
력 투입을 검토하고 있다고 합니다.

시민 단체에서 요구하듯이 정부가 조흥은행 매각을 해서 공적
자금 회수를 하고 경제의 불확실성을 개선하려는 것은 당연한 조
치라고 봅니다.

공적자금이란, 국민의 주머니에서 나온 혈세이기 때문에, 공적
자금 회수를, 노조가 파업형태로 대응하는 것은 설득력이 떨어진다
고 생각합니다.

평소에는 고객을 제일로 모신다면서, 자신들의 결정적인 이해타
산 앞에서는 고객을 교묘히 역이용하는 처사는 집단이기주의라고
밖에 볼 수 없습니다.

그래서 하루 빨리 업무에 정상복귀하고, 대화로 문제를 풀려는
태도가 중요할 것입니다.

2) 전교조 광주지부와 전남지부 소속 교사 천여 명이 내일 서울에서
   열리는 교육행정정보시스템(NEIS) 서지를 위한 연가투쟁에 참여할
   것으로 알려지고 있죠?

☞ 일선 교육청에서는 학생들의 학습권 보호차원에서 엄정 대처
하겠다는 입장이라 연가투쟁을 참여하려는 교사와 교육당국 간에
마찰이 불가피할 것 같습니다. 이번 연가투쟁에 광주에서는 교사
120여 명이, 전남에서는 700~800여 명이 참여할 것이라고 합니다

(광주일보).

그렇지만 대부분의 일선학교에서는 집회 참여를 위한 연가를 허용하지 않겠다는 것입니다.

교사와 교장 간에도 마찰이 빚어질 것 같습니다.

한 중학교 교사에 의하면 "교장이 교육청의 지침이라며 연가신청 수리를 거부하고 있다."면서 반발하고 있고, 이에 맞서 한 학교 교장은 "연가신청을 하더라도 받아들이지 않을 계획"이라면서 "연가투쟁에 참가한 교사의 수업은 수업차질이 불가피하다."고 말하고 있습니다.

금융대란 위기에, 전교조 연가투쟁, 농민들의 자유무역협정 반대투쟁 등 매일 투쟁이 계속되고 있습니다. 이런 시점에서 전교조의 이번 연가투쟁은 자제하는 것이 바람직한 것 아니냐는 의견들이 제기되고 있는 상황이라 교사 단체가 교육 문제를 강경투쟁으로만 해결하려 한다면, 국민이나 학부모들의 설득력을 얻기 힘들 것입니다. 좀 더 성숙된 자세에서 대화를 통해서 문제를 해결했으면 좋겠습니다.

3) 개혁신당 창당을 추진 중인 범개혁신당 추진운동본부 준비위원회가 발표한 내년 총선 출마예정자를 보면 광주·전남 지역 인사가 9명이라면서요?

☞ 발표된 명단을 보면, 광주지역에는 강기정(북갑), 서대석(서구), 현해성(북을), 정동년 전 남구청장등이고, 전남지역은 양동만(광양·구례), 천상국(여수), 안세찬·신택호 변호사(순천), 문용주 씨(보성·화순) 등이 포함돼 있습니다(전남일보).

 모두의
세상보기

그런데 민주당 구당파 관계자에 의하면, "내년 총선 후보군을 확정한 것은, 당내 신주류 강경파들과 당 밖의 개혁신당 추진파들이, 신당창당을 통해 인위적인 인적청산을 계획했다는 증거"라고 하면서, "빨리 당을 떠나야 한다."고 했습니다.

그래서 신당을 둘러싼 민주당 내 신구세력 간의 감정대립만 난무하고 있는데, 이를 지켜보면 짜증이 날 정도입니다.

지역구도 타파와 돈 안 드는 선거를 지난 대통령선거를 통해서, 확인했지 않습니까? 그래서 시대를 이끌 정치 신인들을 충원들이 필요할 것입니다.

정치개혁이랄지, 지역구도 극복이라는 신당의 취지가 달성될 수 있기를 기대합니다.

4) 광주시가 지하철 1구간에 대한 외부공사를 마친 상태에서 장애인 엘리베이터 공사를 뒤늦게 벌이고 있어 최근 시민들에게 불편을 주고 있다면서요?

☞ 지하철건설본부는 지난 5월부터 47억 원의 사업비를 들여서, 금남로 5가역, 돌고개역, 쌍촌역, 화정역, 호남대입구역 등 5곳에서 장애인 엘리베이터 설치공사를 하고 있는데, 11월 말에나 완공될 예정이라고 합니다(무등일보).

이 공사는 이미 지난해 장애인을 위한 휠체어 리프트를 시설했지만, 서울에서 휠체어리프트 사고가 발생한 뒤에, 장애인들의 요구에 따라 엘리베이터로 대체하는 공사라고 합니다.

그래서 각 지하철역 주변은 출퇴근길 극심한 체증현상을 빚고 있습니다.

시민들도 불만을 토로하고 있습니다. "그동안 지하철공사로 큰 불편을 겪었는데, 외부공사가 마무리된 시점에서, 뒤늦은 엘리베이터 공사로 또다시 불편을 겪게 돼 화가 치민다."는 것입니다.

정말 지하건설 당국의 일관성 없는 행정정책이 이해가 안 갑니다.

장애인의 편의 시설을, 설계과정에서부터 면밀히 검토했어야 했는데, 외벽공사가 끝난 시점에서 다시 공사를 하는 것도 그렇고, 결국은 시민불편에다가, 시민들이 낸 혈세를 낭비하고 있는 것입니다.

도시건설이나 정책을 추진할 때에 장기적인 관점에서, 적어도 20~30년을 내다보고 추진하면 좋겠습니다.

(2003.06.20. 방송)

10. 무등산, 개발인가? 보존인가?

1) 광주시 전자화폐 사업이 사실상 백지화됐다면서요?

☞ 전자화폐 사업에 대한 논의가 충분히 이루어지지 않은 상태에서 사업들이 진행되다가 결국은 백지화 상태에 이르렀습니다.

광주시에 따르면, 광주시 지하철건설본부와 도시철도공사에 공문을 보내서 지하철 1호선 1구간 요금 지불 방식에 대해서 결정하도록 했습니다. 정액권은 IC카드형 전자화폐 방식으로 하되, 현재 진행되고 있는 시내버스 교통카드와 별도로 사업자를 선정토록 했다는 겁니다(전남매일).

그런데 전자화폐 사업을 포기한 광주시가 버스 교통카드 사업마저도 민간에 떠넘기는 것은 문제가 있습니다.

특히, 광주시는 지난 2000년 2월 지하철 요금정산시스템 업자와 이미 교통카드 방식으로 계약을 체결한 상태이고, 아직 버스조합과 교통카드 업자 간 법적 다툼이 진행되고 있는 상황입니다.

이런 상황에서 독자적으로 지하철 카드 업자를 선정해서, 대중교통 연계가 이루지지 않는다면, 시민들의 불편이 가중될 것 같습니다.

지금이라도 문제에 대한 신중한 접근이 필요하리라 생각이 듭니다.

2) 광주시 동구청이 무등산 자락에 무더기로 건축해 문제가 되고 있다면서요. 어떤 내용입니까?

☞ 무등산의 개발이 시민 단체의 반대 속에서 진행되고 있는데, 업체 측에서는 환경 친화적으로 개발한다는 입장이지만 아파트를 건설할 경우에는 무등산을 훼손할 수밖에 없을 것으로 보입니다(광주일보).

광주 동구청은 23일 '도시계획위원회'를 열고, 몇 개의 건설업체가 신청한 연립주택·아파트·단독주택 건립부지의 형질변경을 허가했는데, 모두 허가신청건수 9건 중 8건이나 됩니다.

예를 들면, 한 건설업체에 개발행위를 허가한 학동 골프연습장 및 조선대 시설부지 옆 687외 8필지 1만 1,610㎡의 경우에는 자연녹지 및 보존녹지지역인데, 이곳에 지하 2층·지상 4층의 5개 동 40세대의 연립주택을 짓는다는 것인데, 만일 이렇게 된다면, 해당 부지의 위치상 '깃대봉' 일대의 조망권이 크게 훼손될 것으로 예상됩니다.

또 다른 건설업체가 신청한 학동 713－1외 12필지 8,510㎡도, 대상지역이 표고는 90~105m인데다, 경사도가 최고 17도에 달해서, 당초 계획대로 지상 20층 아파트가 들어설 경우에는, 산림이 크게 훼손될 것입니다.

따라서 무등산을 어떻게 보존할 것인가에 대한 자치 단체의 전체적인 계획이 있어야 할 것이고, 광주시에서는 건설업체의 '개발의 논리'와 함께, 시민들의 '보존의 논리'도 도외시되지 않도록, 균형 있고 장기적인 안목으로 시정을 펼쳐야 할 것입니다.

3) 산. 학. 연 컨소시엄 공동기술개발사업이 이제 성과를 거두고 있다면서요?

☞ 광주·전남 지방중소기업청에 따르면 지난 93년부터 시행된 산학연 컨소시엄사업을 통해 10년 동안 개발된 기술은 총 1,240건(1,293개 업체)에 달했다고 합니다(전남일보).

이 가운데 특허 등 지적 재산권을 출원(등록)한 기술이 239건에 이르고, 시제품이랄지 상품화된 것이 412건에 달한다고 합니다.

지난해에 광주·전남 지역에서 산학연 컨소시엄사업에 참여한 대학은 전남대 등 열두 개 대학이고, 여기에 투입된 사업비만도 32억 원이나 된다는 겁니다.

중소기업의 애로기술이 해소되기 위해서는 지방 대학의 우수한 연구 인력과 연구개발 장비·기자재 등이 활용될 수 있는 산학연 컨소시엄이 활성화되어야 할 것입니다.

그래서 이 지역의 산·학·연이 함께 힘을 모아서, 그동안 어려

 무도지
세상보기

움을 겪었던 중소기업의 기술개발이나 경영난이 해결될 수 있기를
기대합니다.

4) 최근 광주시 보건당국이 O-157 환자 발생을 3일간이나 은폐했다는 의혹이 제기되고 있는데 어떤 내용입니까?

☞ 장마철이 시작되면서, 각종 전염병이 문제가 되는 계절입니다. 광주·전남지역에도 비브리오 패혈증과 장출혈성 대장균 감염증(O-157), 그리고 렙토스피라까지 확산되고 있습니다(전남매일, 무등일보).

광주시 보건환경연구원에 따르면 정 모 씨가 지난 16일 광주 한 음식점에서 생고기와 갈빗살 등을 먹은 뒤에 설사와 구토 등의 증세를 보여 가검물을 채취한 결과 오(O)-157 확진 판정을 받았는데, 문제는 광주시 보건당국이 오(O)-157 환자로 확진된 이후 3일 동안이나 이 사실을 숨겨 오다 뒤늦게 이것을 공개했다는 겁니다. 결국 오(O)-157 확산을 방치한 꼴이 되었습니다.

전염병은 무엇보다도, 감염되지 않도록 예방하기 위한 노력이 중요합니다. 그래서 환자나 보건당국이 투명하게 공개하는 것이 중요한 것 같습니다.

광양에서 올 들어 처음으로 비브리오 패혈증 환자가 숨졌다는 것을 인식해야 할 것 같습니다. 그래서 의심 환자가 발생했다면, 곧바로 공개하는 것이 중요할 것 같고, 미리 앞서서 예방하는 보건행정이 필요할 것입니다.

(2003.06.24. 방송)

11. 지역 갈등 해결책은?

1) 국책사업인 핵폐기장 부지 선정을 놓고, 정부와 전남도의 일관성 없는 행정으로 인해 갈등이 갈수록 심해지고 있다면서요?

☞ 그렇습니다. 정부는 지난 2월 영광 등 4개 후보지역은 발표했었는데 그 이후 3차례나 정책을 변경하고 있습니다.

또 전라남도는 여론수렴을 위해서 주민토론회를 개최키로 했다가, 시민·사회 단체들의 반발이 있으니깐 행사자체를 취소해 버렸습니다(전남일보, 무등일보).

그러니까 산업자원부가 '방사성폐기물 관리시설 부지확보 사업과 양성자 기반 공학기술 개발사업 연계추진 변경공고안'을 발표했는데, 이걸 보면, 자율 신청지역이 없으면 7월 말까지 유권자 5% 이상의 유치 청원 지역, 지자체장의 주민투표 회부 희망 지역, 지방의회 유치결의 지역 등을 대상으로 내달 말 주민투표를 실시해서, 과반수 찬성지역을 최종부지로 선정한다는 것입니다.

그런데 산자부의 이런 공고는 핵폐기장 부지선정 관련해서 세 번째 공식적인 방침입니다.

이처럼 잦은 방침 변경은 부지 해당 지역민들에게 정부행정에 대한 불신감만 조장하고 있습니다. 이에 대해 설상가상으로, 대학교수들이 나서고 있습니다.

핵폐기장 유치 '찬성의견' 쪽의 교수들이, 26일 전남도청에서 기자회견을 갖고 결의문(원전 수거물 관리시설에 대한 광주·전남 대학교수 결의문)을 발표했는데, 유치를 찬성하는 쪽에서는 "원전 수거물

세상보기

관리시설은 국제적으로 검증된 안전한 시설"이라고 주장했습니다.

또, 광주전남지역 45개 사회단체가 나서서, "민관합동기구구성을 통해 핵폐기장 부지 선정 타당성부터 먼저 검증하자"고 요구하고 있습니다.

이렇게 해당 주민은 물론, 교수들, 시민 단체들이 모두 나서서 서로의 주장을 하고 있습니다.

이것은 정부가 일관성 없이 정책을 시행해 왔고, 특히 핵폐기장과 관련해서는 오락가락하는 모습, 너무 자주 바뀌는 모습을 볼 수 있습니다. 결국 핵폐기장 후보지로 거론되는 지역민들 사이의 갈등만 크게 해 놓았습니다. 지금이라도 주민들이 납득할 만한 일관된 정책과 갈등해결을 위한 구체적인 대안들을 내놓을 수 있기를 기대합니다.

2) 지역 간 갈등이 심해지면서 지역혁신협의체를 효율적으로 운영해야 된다는 지적인데요. 이 소식도 전해 주시죠!

☞ 지난해 7월 민선 3기 지방정부 출범이래 시·도정의 핵심과제로 지역경제 살리기를 내세우고 있는데, 이 과정에서 시·도 간 서로 밥그릇 싸움을 하듯 같은 사업을 두고 경쟁적으로 서로 하겠다며 기 싸움만 하는 것처럼 보인다는 겁니다.

갈등을 빚고 있는 것은 2012 인정박람회, 경륜장, 전국체전 등인데, 최근 광주·전남 공동발전을 추구하려면 상생의 길을 찾아야 한다는 의미에서 지난 5일 박광태 광주시장과 박태영 전남지사가 만나서 '시·도 지역혁신협의체'를 구성하기로 했습니다(전남매일).

그러나 지역혁신협의체 구성 합의 이후 추진사항이 별로 없어서 이 협의체도 유명무실해지지 않느냐는 우려의 목소리가 나오고 있는 실정입니다.

시·도가 양보할 것은 양보하고, 타협점들을 만들어 가면 좋겠습니다.

그렇지 않아도, 광주·전남지역은 전국 광역 단체 중 재정과 경제, 산업구조 등 대부분의 여건이 최하위 수준을 면치 못하고 있습니다.

시·도가 각기 자신들의 정치적인 이해에만 집착해서, 갈등만을 빚는다면, 결국 피해는 양 시·도민들이 될 것입니다. 지역혁신협의체가 효율적으로 운영될 수 있도록 협의체의 성격이나 구성원들, 협의내용들을 가시화해서 효과적으로 운영되기를 기대합니다.

3) 전남도청 이전에 따라 예상되는 도심공동화를 막기 위해 광주시가 실시한 용역이 문제가 있는 것으로 들어났다면서요. 어떤 소식입니까?

☞ 도시의 자생력을 키울 수 있는 핵심 전략이 빠져 있어서, 매우 부실한 것으로 나타났어요.

연구용역에 20억 원이 들어갔는데, 이것은 광주시와 국토연구원이 전남도청 이전으로 인한 광주도심공동화 문제를 해소하고 도심활성화 방안을 강구하기 위해 용역을 준 것입니다. 근데 이것이 도청 이전에 따라 우려되는 도심공동화 문제를 미봉책으로 제시했다는 겁니다.

전남도청이전반대 범시도민추진위원회(수석상임대표 오병문 이양우·이하 시도민추진위)에서는 도심활성화용역에, 도청 이전에 따라 광주 도심이 안게 될 경제적 문제를 풀 수 있는 생산적인 대안이 전혀 없다고 비판했습니다.

전남도청이 옮겨가면, 도심에 생산성을 높일 수 있는 사업과 전략이 없다는 것입니다.

도청을 옮겼을 때, 도심이 공동화되는 것은 큰 문제인데, 용역비에 걸맞은 연구 성과물이 나오지 않은 것은 아쉬운 부분입니다.

지자체 차원에서도 도심활성화를 위한 여러 가지 대책을 강구해야 할 것으로 생각됩니다.

4) 최근 광주전남지역 수출이 급격히 떨어지고 있다면서요?

☞ 한국무역협회 광주·전남지부가 분석한 '광주·전남지역 무역동향'에 따르면 5월 중 광주지역 수출은 3억 2,600만 달러인데, 작년 동월 대비 3% 증가에 그쳐 월간 기준 증가율로는 처음으로 한 자릿수를 기록했습니다(전남일보).

반도체와 타이어, 상용차(화물자동차) 등은 10%대 이상의 수출증가세를 유지하고 있지만, 전자레인지와 세탁기, 컬러TV, 냉장고 등 가전제품 수출이 작년과 비슷하거나 10~30% 줄었다고 합니다.

전남 지역 수출 역시 5월 들어서는 7억 1,000만 달러 수출에 그쳐 증가율이 전년 동월 대비 35% 수준으로 크게 낮아졌다는 겁니다.

이처럼 광주·전남 지역 수출증가세가 급격히 둔화된 것은 이유가 있습니다. 그것은 지난달 이후 화물연대 파업 등 노조의 파업이 있었습니다. 또 원달러 환율이 1,200원대 아래로 떨어지는 등 환율

변동이 컸기 때문입니다.

예를 들어, 금호타이어의 경우에 파업으로 인해 월간 수출물량 (6,500만 달러)의 절반 수준인 3,000만 달러의 수출차질이 발생했다는 건데, 자신들의 이익만을 주장했던 각종 갈등이 이런 수출 둔화를 가져오지 않았나 생각을 해 봅니다. 하투(여름투쟁)가 계속 진행되고 있는 상황에서, 파업으로 인한 수출차질은 우리에게 시사해 주는 바가 크다고 할 것입니다.

(2003.06.27. 방송)

12. 급식비 없어 눈물 흘리다

1) 광주·전남지역에 비가 오고 있는데요. 최근 기습폭우로 홍수피해가 우려되고 있다던데, 어떤 소식입니까?

☞ 전라남도에 따르면 지난 6월 말 현재 도내 저수지의 평균 담수율은 89%에 달하고 있습니다. 이것은 평년 담수율 69%보다 높은 수치입니다.

일선 시·군에서 관리하고 있는 저수지 2,257개소의 평균 담수율은 96%입니다. 또 전남 지역 4대호의 담수율도 광주호 98%를 비롯해서 나주호, 담양호, 장성호 등도 평균 85%에 달하고 있다는 겁니다(무등일보).

이렇게 담수율이 높아서, 가뭄 걱정은 없지만, 태풍이나 집중호우가 문제 됩니다. 지난해 폭풍이나 집중호우로 피해를 입은 도내 도로와 하천, 배수 펌프장 등 공공시설(3천977개소) 가운데 15%가량이 계속 공사 중이어서 더욱 큰 문제입니다.

특히 90%대에 육박하는 담수율에 기습 폭우가 쏟아지면, 많은 피해가 발생할 것은 예견된 일인데, 보통 재해가 발생하고 나면 '천재'보다는 '인재'라는 분석이 많이 나오고 있지 않습니까? 그래서 미리 폭풍이나 재해에 대비하는 자세가 중요할 것 같고, 댐과 저수지 등도 미리 수위를 조절해서, 홍수 피해에 대비해야 할 것입니다.

2) 경기침체에 영세업체에 감원의 바람이 불고 있다는 소식이 들리던 데 어떻게 된 겁니까?

☞ 경기침체로 인해 대기업들의 재고물량이 쌓이면서 영세업체 근로자들이 '감원'되고 있다는 겁니다.

하남 산업단지의 한 업체 대표는 "공장가동률을 지난해 말에 비해 40% 축소하면서 최근 5명을 감원했는데, 이런 추세라면 조만간 2∼3명을 추가 감원해야 할 판"이라고 합니다(광주일보).

통계청 전남통계사무소가 내놓은 광주의 월별 '재고지수'를 보면, 광주의 경우 지난해 4월 99.4(2000년 기준＝100 기준)이었는데, 올해 들어서는 급증세를 보여 1월 135.0, 2월 145.3, 3월 150.9, 4월 158.0, 5월 146.7%를 기록했다는 겁니다.

특히 5월 현재 자동차의 경우 지난해 동기대비 무려 135.1%나 재고가 증가했는데, 이 때문에 영세업체의 감원바람으로 이어지고 있다는 것입니다.

설상가상으로 주 5일 근무를 도입한 대기업들이 늘어나면서, 청소용역, 택배, 컴퓨터·전화 유지보수업 등 하청업체의 작업일수 감소로 인한 감원바람은 거세다는 겁니다.

사실 지금 하투(근로자들의 여름투쟁)로 대기업과 공공기업의 임금협상이 본격적으로 이루어지고 파업도 이어지고 있는데, 그나마 이들은 상대적인 박탈감 정도를 느끼고 있겠지만, 하루아침에 해고

 로무전
세상보기

되는 근로자의 아픔은 어떠할 것인지 생각만 해도 가슴이 아픕니다.

하루빨리 경제가 침체의 늪에서 벗어나서, 근로자들이 신바람 나게 일하는 사회가 되었으면 좋겠습니다.

3) 경기침체 탓에 최근 학교급식비 체납비가 늘고 있다고요 일부 학교에서는 급식비를 못 낸 학생에게 급식을 중단해 말썽을 빚고 있다면서요?

☞ 계속되는 경기침체로 학교급식비를 내지 못하는 학부모들이 늘어나고 있는데, 일선학교에서 급식비를 체납한 학생에 대해서 학교 측에서 급식중단 조치를 취한 데서 비롯됐습니다(광주일보).

광주시교육청 인터넷 게시판에는 학교급식비를 체납한 학생에게 대한 '동정론'과 '당연론'이 맞서도 뜨겁게 맞서고 있습니다.

광주시교육청에 따르면, 광주시내 257개 초·중·고중에서 251개 학교가 학교급식을 실시하고 있다고 합니다. 학부모들이 부담하는 1일 1끼의 급식비 평균가는 초등의 경우 1,300원~1,400원, 중등은 학교직영의 경우에, 1,700원~2,000원이라고 합니다(위탁운영은 2,200원~2,500원).

한 달로 환산하면 학부모가 부담하는 비용은 초등이 3만 원, 중등이 4만 원~9만 원인 셈입니다. 그러나 계속되는 경기침체로 급식비를 내지 못하는 학부모들이 늘고 있다는 겁니다.

실제로 생활보호대상자 등은 시교육청으로부터 급식비 지원을 받고 있는데, 이들 외에도 일반 가정에서 급식비를 체납하는 비율이, 초등은 평균 4~5%대, 고등학교는 8~10%대까지 달하고 있다는 겁니다.

아직도 급식비를 낼 돈이 없어서, 급식이 중단되는 현실이 안타까운데, 어린 학생들의 마음에 상처를 위로해 주는 제도적인 장치가 마련되어야 할 것 같습니다. 국가나 교육당국에서는 좀 더 구체적으로 이런 실태를 조사해야 할 겁니다. 또 급식이 중단되어 눈물을 흘리는 학생들이 없도록 해야 할 것입니다.

4) 천재소녀골퍼 위성미 출전경비를 마련을 위해 장흥군민이 팔 걷고 나섰다면서요?

☞ 완도의 최경주 선수(프로골퍼)에 이어서, 위성미(13·미국명 미셸 위) 선수의 육성을 위해서 장흥군민들이 나섰습니다.

장흥군은 위성미가 미국골프협회(USGA) 규정상 각종 대회상금은 물론 스폰서 후원금도 받을 수 없는 아마추어로, 수만 달러가 소요되는 방학 투어 출전경비를 조달할 수 없다는 사연을 듣고, 군민과 함께 위성미 돕기로 했다는 겁니다(전남매일).

그 이유는 국내 최초의 항공공학박사인 위 선수의 친할아버지(위상규, 77)는 물론 아버지(위병욱, 44·하와이대 교수)도 고향이 장흥으로, 위 선수의 실질적 고향이 장흥이기 때문입니다.

우선 군청을 중심으로 지역의 뜻있는 인사들이 힘을 모아 2,000만 원을 마련, 지난 3일에 전달했다는 훈훈한 소식입니다.

침울한 경기침체 소식 가운데, 모처럼 반가운 소식인 것 같은데, 위 선수의 선전으로 계속 좋은 소식이 들렸으면 좋겠습니다.

(2003.07.04. 방송)

 자두도
세상보기

13. 지역특화 가능한가?

1) 최근 전남도는 참여정부가 국가균형발전을 위한 7대 과제의 하나로 추진 중인 지역특화발전특구 육성정책과 관련해 지역별 특화발전특구를 조성하겠다고 밝혔는데요. 오는 15일 이와 관련한 설명회가 열리죠?

☞ 그렇습니다.

지역특화발전특구 조성사업이라는 것은, 지방자치 단체별로 다양한 특성을 살린 특화사업을 원활히 추진할 수 있도록 특별구역을 지정해서, 각종 규제를 완화해 주자는 취지의 사업입니다.

올해 안에 관련법을 제정한 뒤에, 내년부터 지역특화에 나서는 지자체들에 관련 규제를 풀어 주는 특구를 지정한다는 겁니다. 그래서 전라남도도 7~8월 중에 지역발전을 견인할 시·군별 핵심특화사업을 발굴하고 특구지정 대상지역을 선정할 것이라고 합니다.

전라남도는 광양만권 경제자유구역과 대불산단 자유무역지역을 '경제특구'로 지정해서, 물류, 조선, 소재, 생물 산업단지 등 전략산업을 유치한다는 것입니다. 또 시·군별 특화발전특구 지정을 통해 외지 기업이나 자본을 유치한다는 것입니다.

한편, 도가 검토하고 있는 지역특화발전특구는 '함평, 나비브랜드특구', '무안, 양파·마늘산업특구', '보성, 녹차산업특구', '담양, 대나무산업특구', '구례, 지리산 관광위락특구' 등이 있습니다.

2) 그런데 지역특화특구 설명회를 앞두고 일선 지방자치 단체가 대책
   마련에 고심하고 있다면서요?

☞ 거의 모든 지방지가 이와 관련한 내용을 다루고 있습니다.

지역특화발전특구는 무엇보다도 지방자치 단체가 중심적 역할을
수행해야 합니다. 그렇지만 정부가 구상하고 있는 것은 경제자유구
역이나 관광특구처럼 재정적인 지원을 하지 않고, '규제를 완화'한
다는 것이 큰 특징입니다.

지방순회 설명회는 재경부 등 관계부처의 국과장을 비롯해 광주
전남북 시군구 부단체장 등 50여 명이 참석해서, 지방의 특색 있는
발전방안과 경제 활성화 방안들이 논의될 전망입니다(전남매일).

그런데 우리 지역 지방자치 단체의 고민은, 바로 특구에 들어가
는 예산문제입니다. 중앙정부의 재정 지원이 있어야 한다는 건데,
특구 성격상 부분적이나마 세제 지원이 필요할 것입니다.

3) 지역특화발전특구에 대한 전반적인 논의도 없이 일선 시·군마다
   앞다퉈 뛰어든다니 좀 걱정도 되는군요?

☞ 그렇습니다. 지방자치 단체들이 앞다투어 특구사업에 뛰어들
고 있습니다.

그런데 다른 지역과 차별되는지, 또 도로, 항만, 주차장, 공원, 문
화시설 등은 충분히 되어 있는지 등을 살펴볼 필요도 있고, 그 성
공 가능성이나 타당성에 대해서도 충분한 논의가 있어야 할 것입
니다. 그래서 자칫 졸속으로 운영되지 않을지 걱정입니다. 자치 단
체의 장기적인 계획이 필요하다고 생각됩니다.

 세상보기

4) 지역 중소기업 경기가 좀처럼 회복될 기미가 없어 심각한 문제인
   데요. 먼저 이 소식부터 전해 주시죠?

☞ 중소기업의 평균 가동률이 4개월째 60%대에 머무르고 있습니다. 또 상품 재고가 증가하고 있고, 또 수출도 점차 둔화되어 총체적인 위기를 맞고 있다는 겁니다(광주일보).

예를 들면, 지난 5월 중 지역 중소기업 평균 가동률은 68.5%를 기록해서, 지난해 연말에 비해 무려 10%가 떨어졌습니다.

내수부진은 또다시 재고증가로 이어지고, 또 이것은 평균 가동률 하락으로 악순환 된다는 겁니다. 재고도 계속 쌓여 가고 있습니다. 지난해 4월의 재고 동향은 99.4(2000년 기준=100)인데, 지난 1월 135.0으로 급등했고, 5월엔 146.7을 기록해서 가파른 상승세를 보이고 있습니다.

특히 대기업들이 지급하는 납품대금 가운데 어음 결제비중이 늘어나서 문제입니다. 결제기일이 길어져서 중소업체들의 자금난을 심화시키고 있다는 겁니다.

5월 중 광주의 수출은 지난해 동월 대비 3% 증가에 머물러서 수출증가세가 한 자릿수에 그쳤다는 겁니다. 그래서 대기업 노조파업이 계속 이어지면 더욱 수출 전망이 불투명할 것이기 때문에 노사관계가 협력적인 관계로 변화되는 것이 중요할 것 같습니다. 또 정책적으로도 수출 증대에 대한 대응책이 강구되어야 할 것입니다.

5) 지역경기 회복을 위해서는 중소기업 스스로도 자구 노력을 해야겠지만 자치 단체나 지역민들의 관심이 중요할 것 같은데 어떻습니까?

☞ 일차적으로는 중소기업들이 돌파구를 찾기 위한 노력이 필요합니다. 또 지역민들도 우리 지역에서 어떤 상품들이 나오고 있는지 지역상품에 관심을 기울일 필요가 있습니다.

지역주민들은 물건 하나를 구입할 때도 지역상품을 먼저 사 주는 마음이 필요할 것 같습니다. 또 지방자치 단체에서는 중소기업을 육성해서 지역경제가 활성화될 수 있도록, 정책적 지원도 아끼지 말아야 할 것입니다.

6) 최근 조사에 따르면 광주가 이웃 돕기 성금이 전국 꼴찌를 맴돌고 있다면서요?

☞ 그렇습니다.

사실 광주 하면 먼저 떠오르는 것이, 의향, 예향의 도시이고, 또 최근에는 문화도시, 문화수도라는 말도 거론되고 있습니다.

그런데, 광주시민들이 불우 이웃을 위해 낸 이웃 돕기 성금이 전국 꼴찌를 맴돌고 있다는 것을 보면, '의향'이라는 이름을 무색게 하고 있습니다.

광주와 전남 사회복지 공동 모금회에 따르면, 지난 2001년 10월부터 지난해 9월까지 1년 동안 광주시민들이 낸 이웃 돕기 성금은 모두 12억 8,200여만 원입니다. 이것은 전남(28억 4,400여만 원)의 45%에 불과합니다. 이것은 6대 광역시 중에서는 단연 꼴찌고, 전국 16개 자치 단체 중에서도 제주도를 제외하고는 최하위라는 겁

세상보기

니다(무등일보).

이 기간 동안, 한 사람당 성금액수는 광주시민은 915원으로, 전남의 1,381원에 크게 못 미치고 있습니다.

특히 광주지역 기업들은 일반 시민들보다 더 인색한 것으로 나타났습니다.

이것은 광주에 본사를 둔 국내 굴지의 대기업들이 불우 이웃 돕기를 외면해서, 기업성금이 저조한 것입니다. 경제가 어렵기는 광주나 전남이나 마찬가지인데, 광주가 이웃 돕기 성금이 적은 것은 조금 아쉬운 부분입니다. 그래서 지역민들은 향토기업에 애정을 갖고, 반대로 향토기업들은 지역민들에게 관심을 가지는 태도가 중요할 것 같습니다. 특히 어려운 때 서로에게 힘이 되었으면 좋겠습니다.

7) 본격적인 장마철과 함께 환경미화원들이 사고위험에 노출돼 있다면서요?

☞ 네, 환경미화원들이 안전사고의 위험에 노출돼 있다는 겁니다.

불법 유턴을 비롯해서, 신호를 무시한 채 달리는 차량들 때문인데, 야간의 경우 마주 오는 차의 전조등으로 때문에, 순간적으로 앞이 보이지 않는 현상도 발생할 수 있기 때문에, 감속운전을 할 필요가 있습니다. 새벽부터 주요 도로변에서 쓰레기를 쓸어 담는 한 미화원은, 대형 자동차가 지나갈 때마다 몸을 움츠리는 일이 잦다고 합니다(광주일보).

특히 장마철인 요즘은 야광 안전띠와 모자를 착용하지만, 비오는 날이면 주위가 어두워 잘 보이지도 않는다고 합니다.

그래서 오늘과 같이 비가 오는 날에는 빗물이 운전시야를 방해하는 만큼, 평소보다 감속운행해야 할 것입니다.

(2003.07.09. 방송)

14. 각종 특구, 남발인가?

1) 광주시가 최근 각종 특구와 지구 지정을 너무 남발한다는 지적이 있던데 어떤 내용입니까?

☞ 광주시가 각종 특구와 지구 지정을 추진하고 있지만, 대부분 장기간 계획 단계에만 머물러 있거나 별다른 성과가 없다는 겁니다(광주일보).

예를 들면, 첨단과학 산업단지를 'R&DB(연구·개발·사업)특구'로 지정해 줄 것을 지난 4월 정부에 건의를 했지만, 해당부처인 과학기술부가 난색을 표시하고 있다는 것입니다.

왜냐하면, "특구라는 용어가 특혜를 연상시켜서, 거부감이 들 수 있다."는 이유 때문이라는 겁니다.

또, 광주시가 지난 3월 1일 투자유치촉진조례를 제정해서, 국가산단과 지방산단, 외국인투자지역 및 투자가가 희망하는 지역을 '투자촉진지구'로 지정키로 했지만, 외부 투자자들이 광주에 대한 신규투자를 기피하고 있습니다. 그래서 신규 투자촉진지구는 아직까지 한 곳도 지정하지 못했다는 겁니다.

보통 '특구나 지구를 지정할 경우 종합적인 지원을 받을 수 있습

세상보기

니다. 또 참여정부가 각종 특구와 지구를 지정한다는 방침을 잇따라 발표해서 광주시도 이런 계획을 추진해 왔다고 합니다.

그런데 특구 지정만 하면 모든 것이 해결될 것처럼, 홍보하는 광주시의 태도도 문제가 있습니다. 또 실제 내용을 보면, 너무 포괄적이고 추상적인 것이 많습니다. 특구 지정만이 능사가 아니고, 실질적으로 우리 지역에 도움이 되는 것이 뭔가를 잘 살펴봐야 할 것입니다.

2) 방사성 폐기물 처리장 유치신청마감일을 4일 앞두고 있는데요. 유력한 후보지였던 군산시가 유치 신청을 포기했다면서요?

☞ 군산시장이 어제(10일) 기자회견을 통해서, "유치 신청을 포기한다."고 밝혔다고 합니다(전남일보).

이것은 산업자원부와 한국수력원자력㈜으로부터, 지질조사와 해저탐사 결과 핵폐기장 유치에 부적합하다는 통보를 받았기 때문이라는 것입니다.

군산시가 포기해서, 이제 관심이 영광으로 모아지고 있는데, 영광군에서는 유치반대 집회가 열렸다는 소식입니다. 핵폐기장 반대 영광군민범대책위원회가 집회를 갖고 핵폐기장 결사저지를 다짐했다고 합니다.

3) 군산시가 포기한 것과는 대조적으로 오늘 영광군 방사성폐기물 처
리장 유치위원회에서는 군에서 신청하지 않을 경우 주민 명의로라
도 신청하겠다고 해서 파장이 예상되고 있죠?

☞ 유치위원회측이 군에서 신청하지 않는다면, 주민 이름으로라
도 유치신청을 하겠다는 겁니다.

이미 지난 8일에, 유치위원회 측에서, 영광군 유권자 62%에 해
당하는 군민들 3만 2,000여 명의 서명을 받았는데, 만일 영광군이
유치 신청을 포기할 경우에는 이 서명부를 근거로 해서 주민 명의
로라도 유치신청을 한다는 겁니다(전남매일).

군산과 장흥이 부적합지로 판정받은 가운데, 영광이 찬·반 논쟁
에 휩싸여 있습니다.

만일 부안이 유치 신청을 할 경우에는, 그쪽 부안이 부지 선정
가능성이 높을 것 같다는 겁니다. 영광의 한 주민은, 영광에 근접
한 부안이 최종 선정한다면, 그 위험성은 영광주민들까지 떠안으면
서도 개발지원금 혜택은 한 푼도 받지 못하는 결과가 될 수 있다고
하면서, 진정으로 지역민들을 위한 것이 무엇인지 신중해야 한다는
의견을 보이기도 했습니다.

그래서 영광이 핵폐기장 유치가 되든지 또는 안 되든지, 후유증
이 심각할 것 같습니다. 군민들 100사람이 '혈서'를 쓴다든지, 산업
자원부를 상징하는 '상여'를 만들어서, 운구하는 극단적인 행동으
로까지 치닫고 있습니다.

남은 4일 기간 동안, 지역민들이 머리를 맞대고 해결의 실마리를
마련하기를 기대합니다.

 세상보기

4) 구매자와 기업이 직접 만나는 만남의 장이 마련된다면서요?

☞ 그렇습니다. 광주정보·문화산업진흥원이 광주지역 우수 IT 업체 제품 알리기에 적극 나섰다는 것입니다.

광주영상예술센터(구 KBS)에서 '광주 우수 IT업체 제품설명회'를 가졌는데, 여기에서 구매대상자와 IT우수업체 간 만남을 주선한다는 겁니다(전남매일).

이것은 우리 지역 S/W, IT업체 제품이 우수하더라도 지방이라는 이유로 무시당하고, 또 제대로 홍보되지 않았기 때문입니다. 이번에 관공서와 각급 학교, 대기업 등 전산담당자를 초청하는 것은 지역의 우수제품을 알리기 위한 것이라고 합니다.

전시회에서 나온 작품을 보면, 영어회화를 체계적으로 학습할 수 있는 제품도 있습니다.

소프트웨어 불법복제 방지 기능이나 PC 보안기능, 인터넷 유해정보 차단기능을 함께 제공하는 제품도 있다고 합니다. 또 전자상거래를 효율적으로 할 수 있도록 도와주는 제품 중에는 사용자가 직접 손쉽게 쇼핑몰을 자동 구축하는 프로그램도 있다고 합니다.

이렇게 우리 지역 IT업체에서 개발한 우수한 제품들이 많이 있습니다.

이번 기회에 제품을 제대로 평가받고, 판로도 여러 군데에 확보될 수 있기를 기대해 봅니다.

5) 서랍 속 동전을 사용하자는 캠페인을 벌였던 것이 어제 같은데,
최근 시중에 동전이 넘치고 있다면서요?

☞ 최근 불경기가 이어지면서 서민들의 장롱 속이나 저금통 안
에 있던 동전들이 매일 쏟아져 들어온다는 겁니다.

시중은행은 들어온 동전을 지점에서 본점으로 본점은 한국은행
으로 실어 나르기에 바쁘다고 합니다. 한국은행이 올 상반기 광
주·전남 지역에 공급된 주화는 21억 원인 데 반해서, 한국은행으
로 돌아온 주화는 31억 원이나 됩니다. 그래서 10억 원의 환수초과
를 기록했다고 합니다(무등일보).

이 같은 환수액은 지난해 같은 기간을 비교할 때(8억 원), 287%
(23억 원)나 증가한 거라는 겁니다.

이렇게 동전이 은행에 몰리는 것은 시중 경기가 그만큼 좋지 않다
는 얘긴데, 휴면 동전이 은행으로 나오는 것은 반갑지만 다른 한편
으로 생각하면 사용하지 않던 동전까지 꺼냈을 정도로 서민들의 생
활이 어렵다는 것을 생각하니까 씁쓸한 마음을 감출 수가 없습니다.

6) 장마철이 끝나면 본격적인 휴가철이 시작되는데요. 해외로 빠져 나
가려는 여행객들이 몰려 항공권 구하기가 어려워지는가 하면, 상당
수 서민들은 휴가 자체를 아예 포기해 대조적인 모습을 보이고 있
다면서요?

☞ 그렇습니다.

광주지역 항공업계와 여행사들에 따르면, 제주도와 해외유명 여
행지를 여행하려는 사람들이 몰려서, 7월 말부터 8월 초까지 비행

 무토
세상보기

기 표 예약이 이미 끝났다고 합니다(무등일보).

대한항공의 경우에, 광주~제주노선은 26일부터 8월 5일까지 사실상 비행기 표 구하기가 불가능하고, 그 이후부터도 일부 표가 남아 있을 정도입니다. 또한 여행사 관계자에 따르면 7월 말부터 8월 초까지 학생들의 방학이 겹치면서, 제주도는 물론 캐나다, 유럽 등의 비행기 표를 구하기가 힘들다고 합니다.

해외여행객수가 증가하는 반면에, 서민들은 불황 여파로 여름휴가를 포기하는 경향이 확산되고 있다고 합니다. 한 시민은 "우리와 같은 서민들에게 여름휴가는 남의 일처럼 보인다."는 반응을 보였습니다.

이렇게 여름휴가가 '극과 극' 현상을 보여서, 일부 시민들은 상대적인 박탈감까지 갖게 됩니다. 여름휴가를 알뜰하게 보내고, 어려운 경기를 잘 극복했으면 좋겠습니다. 그래서 해외여행은 좀 자제하고, 국내 여행을 중심으로 검소하게 보내는 것이 좋겠습니다.

(2003.07.11. 방송)

15. 공직은 청렴성이 으뜸이다

1) 임인철 정부부지사에 대해 뇌물수수 혐의가 추가됐다면서요?

☞ 광주지검 특수부에 따르면, 수해복구 공사를 수주한 H건설 대표 강 모 씨로부터 금품을 받은 것으로 드러났다는 겁니다. 그래서 임인철 정무부지사에 대해서 특가법상 뇌물수수 혐의를 추가해

기소했습니다.

혐의사실을 살펴보면, 임 씨가 지난 4월 말께 도청 사무실에서 강 씨로부터 앞으로 잘 봐 달라는 의미로 현금 1,000만 원을 받았습니다. 또 5월 말께 모 횟집에서 현금 100만 원을 받는 등 두 차례에 걸쳐 1,100만 원을 받았다고 합니다.

근데, 도 자치행정국장을 통해서 사퇴의사를 밝혔다고 합니다.

이렇게 수해복구 공사 입찰비리는 물론 뇌물까지 받아서, 온통 비리와 부정으로 얼룩져 있는 공직사회의 단면을 볼 수 있는데, 검찰은 이번 사건을 철저하게 규명해서 부정을 철저하게 규명해야 할 것입니다. 또 이런 몇몇 공무원들 때문에, 열심히 일하는 공무원들의 사기가 저하되지 않았으면 좋겠습니다.

2) 어제 지역언론개혁연대는 국회 문화관광위원회에 지역신문발전지원법안을 전달했죠! 먼저 이 소식부터 전해 주시죠?

☞ 저희 민주언론운동시민연합(민언련)을 비롯해서 바른지역언론연대, 언론노조, 지방분권국민행동, 지역언론학연합회, 기자협회, 언론정보학회 등 7개 단체가 참여하고 있는 지역언론개혁연대에서, 국회 문화관광위원회 - 김성호 간사(새천년민주당)와 고흥길 간사(한나라당) - 에게 지역신문발전지원법안(가칭)을 전달했습니다.

현재 지역신문사가 경영상의 어려움을 겪고 있습니다.

지역언론 육성 차원에서 특별법을 제정해야 한다는 겁니다. 이 법안에는 지원대상 자격에 경영의 투명성 확보와 편집규약의 제정 등을 명시하고 있습니다.

또 지역신문에 대한 전제 조건으로 몇 가지 조건을 제시하고 있습니다. 예를 들면 ▲최근 1년간 광고비중이 전체 지면의 50%를 넘지 않을 것 ▲매출액, 임금, 납세실적 등 구체적인 경영내역을 제출할 것 ▲지배주주 및 회사대표가 언론사 운영과 관련돼 벌금이나 금고 이상의 형을 받지 않아야 할 것 ▲노사 대표가 동등하게 참여해 편집규약을 제정, 공표, 시행할 것 등을 규정하고 있습니다.

사실 이 특별법 제정에 우리 지역의 신문들도 대단한 관심을 보이고 있습니다. 그런데 시민 단체에서는 경영의 투명성이나 편집권의 독립 등을 부르짖고 있습니다. 법률이 통과된다면 우리 지역신문들도 상당한 도움이 될 것 같은데, 10개가 넘는 우리 지역신문 시장에서 몇 개의 신문사가 지원이 될지는 앞으로 지켜볼 일입니다.

3) 내년 총선을 앞두고 지방의원들의 움직임도 본격화되고 있다면서요?

☞ 17대 총선을 9개월여 앞두고 상향식 공천 도입이랄지, 신당 논란 등 정치 환경에 변화가 생기고 있습니다. 이런 기류를 타고 전·현직 지방의원들의 총선 행보가 가시화되고 있습니다(무등일보).

현재 내년 총선 출마를 준비 중이거나 검토하고 있는 광주·전남지역 전·현직 지방의원은 대략 10여 명 정도 된다는데. 총선 전이 본격화 될 경우 후보자는 늘어날 가능성도 있습니다.

광주는 제3대 시의회 의장을 지낸 이춘범 광주도시공사 사장, 오주 전 시의회 의장 등이 시의회 의장 선출 경력을 내세워 조직과 인맥 등을 동원해서, 내년 총선을 준비하고 있습니다.

초대 광주시의원인 이윤정 전 의원이나, 조수웅 전 광주시의회부의장도 거론되고 있습니다.

전남의 경우는 이윤석 전남도의회 의장 등으로 지역구를 다지고 있고, 도의회 의장 출신인 국창근 전 의원과 이완식 도의원도 총선 출마를 서두르고 있다는 겁니다.

이렇게 지방정가가 내년 총선에 출마하려는 사람들로 분주한 가운데, 과거처럼 정당만을 보고 선택하는 시대는 이미 지난 것 같습니다.

이제는 후보자의 정책과 비전 등이 중요한 선택기준이 되고 있습니다.

그래서 이곳저곳을 기웃거리기보다, 지역을 위해서 진정해야 할 일이 무엇인지를 차분히 생각해야 할 것이고, 무엇보다도 정책개발에 힘을 기울여야 할 것입니다.

4) 광주 각화동 농산물도매시장의 쓰레기가 쌓이면서 인근 주민들이 악취에 시달린다면서요?

☞ 여름철 쓰레기는 대부분 수박과 배추 등 쉽게 썩고 침출수가 흘러나올 수 있는 것들이 대부분입니다.

쓰레기들이 자칫 모기와 파리 등의 서식지로 변할 수도 있고, 특히 이것들로 전염병도 옮길 수 있는데, 특별한 대책을 세우지를 않는 것입니다.

광주시와 농산물도매시장에 따르면, 여름철에는 하루 평균 50~60톤의 쓰레기가 발생하고 있습니다(전남일보).

그런데 쓰레기 량과 관계없는 특정 시간대에만 수거하니까, 오후

 세상보기

3시부터 다음 날 7시까지는 쓰레기가 전혀 수거되지 않고 있습니다. 그래서 침출수가 흐르고 악취가 발생하고, 모기와 파리의 서식지가 된다는 겁니다.

빈 공터에는 수일째 방치된 쓰레기 더미에서 침출수가 고여서, 고약한 악취를 풍기고 있다는 지적도 있습니다.

특히 여름인데다가, 장마철이기 때문에 냄새가 더 심해질 수밖에 없습니다. 여름에는 쓰레기 수거 횟수를 늘리는 방안도 검토해 볼 수 있을 것 같습니다. 지방자치 단체에서는 쓰레기 발생 문제에 좀 더 적극적으로 대책을 마련해야 할 것입니다.

5) 한 시민 단체가 광주시 광산구 구청장 소환에 대한 찬반 주민투표를 실시했다면서요. 결과가 어떻게 나왔습니까?

☞ 아직 결과는 안 나왔습니다.

어제(15일)부터 - 오는 26일까지 광산구청 앞에 상설 투표소를 두고, 광산구 전역 중 두 곳에 임시 투표소를 설치해서 송병태 광산구청장 소환을 위한 주민 찬반투표를 실시한다는 겁니다. 이 단체는 공직사회 개혁과 부패척결을 위한 광주·전남 공동대책위원회입니다.

이 투표결과를 통해 송병태 구청장 퇴진을 위해서 여론몰이에 나선다고 합니다. 그렇지만 시민 중 다수는 구청장의 도의적 책임에는 공감하지만, 찬반투표의 실효성에는 회의적인 반응을 보이고 있습니다. 이것은 아직 주민소환제가 시행되지 않고 있기 때문입니다.

그래서 주민소환제도가 법제화되어야 할 것이고, 부정비리와 관련되거나 단체장을 뽑은 구민들이 소환을 하는 제도적인 장치가 마련되어야 할 겁니다.

6) 오늘이 초복인데, 더위에 지친 심신을 위해 음식도 좋습니다만 마음의 여류를 찾을 수 있는 휴가도 중요하겠죠?

☞ 그렇습니다. 오늘이 초복이라 더위를 이길 수 있는 몸에 좋은 음식들을 먹고 있지만 아마 여름 더위를 식히기 위한 휴가도 본격적으로 시작될 것입니다.

하남산단관리공단이 70개 입주업체를 대상으로 하계 휴가계획을 조사한 결과를 보면, 여름 휴가일수를 묻는 질문에 5일이라고 응답한 업체가 40%로 가장 많았고, 일주일 이상이 24%, 4일이 20%, 6일이 15% 등의 순이었다고 합니다.

아무쪼록 알뜰한 휴가로, 건강하고 마음의 피로를 씻어 내는 휴가를 보내기 바랍니다.

(2003.07.16. 방송)

16. 기말고사, 정답이 유출되다

1) 광주시내 한 고등학교가 최근 치른 기말고사에서 특정과목의 정답이 사전에 유출돼 재시험을 치렀다면서요?

☞ 광주시내 한 고등학교에서 지난 10일부터 13일까지 치러진 기말고사에서 일어난 일입니다.

음악과목 정답이 사전에 유출되고, 미술과 체육 과목은 지난해와 똑같은 문제가 많았다고 합니다. 그래서 18일 재시험을 치렀다고 합니다(광주일보).

음악교과의 경우 한 학생이 사전에 입수한 정답을 학생들에게 유포했고, 미술교과는 전체 20문항 가운데 75%(15문항)가 지난해 문제와 같았다고 합니다. 그래서 학교 홈페이지에는 재시험과 관련된 의견들이나 시험 관리에 대한 비난이 쏟아지고 있습니다.

이 학교는 이번이 처음이 아니고, 지난 5월에도 일부 과목(영어 작문시험과 일본어)에 대해 재시험을 치른 적이 있는데, 일선학교의 성적 관리가 이 정도로 허술한지 한심스러울 뿐입니다.

학교에서의 내신 성적은 곧바로 대학 진학으로까지 연결되는 중요한 평가 요소이기 때문에, 무엇보다도 공정하고 객관적으로 평가

될 수 있도록 해야 할 것입니다.

아울러 이번 기회에 그 학교에 대한 학교행정에 대한 감사와 함께, 해당 교사에게 엄중한 책임을 물어야 할 것입니다. 또 무엇보다도 학생들이 상처받지 않도록 배려해야 할 것입니다.

2) 정부가 대형건설공사에 적용되는 '최저가낙찰제'를 확대키로 결정해 지역건설업계가 덤핑입찰 등 부작용이 우려되고 있죠?

☞ 그렇습니다. '최저가낙찰제'를 확대하는 것은 대형건설업체에게 유리한 제도입니다.

덤핑입찰로 공사를 수주한 '원도급업체'는, 이윤확보를 위해서, 원가 이하로 공사를 하도급하는 경우를 종종 볼 수 있습니다. 그래서 영세건설업체에서는 경영이 더욱 어렵게 될 우려가 있습니다.

정부는 현재 공사비 1천억 원 이상의 대형 공공공사에 '최저가낙찰제'를 적용하고 있는데, 2006년부터는 모든 공사에 대해 시행하기로 했다고 합니다.

우리 지역은 영세 건설업체가 많은 게 사실이고, 최근에는 건설업체의 입찰비리가 많이 적발되기도 했습니다. 공공공사 입찰 과정에서 비리가 발생하지 않도록 하는 것이 중요하다고 봅니다. 또 덤핑 입찰로 나타날 부작용에 대해서도 충분한 대책이 마련되기를 기대합니다.

3) 다음 달부터 병·의원 무료 셔틀버스 운행이 전면 금지되는데요. 농촌지역 환자들에게 큰 불편이 예상되고 있죠?

☞ 국회가 병·의원이 셔틀버스를 이용해서 환자를 알선, 유인

세상보기

하는 행위가 사회문제가 되어서, 오는 8월 1일부터 병·의원 셔틀버스 운행을 금지시키는 법안을 통과시켰습니다(무등일보).

무안, 영광, 장성, 고흥 등 이 지역 대다수의 병·의원은 다음 달부터 셔틀버스를 운행할 수 없게 됐습니다.

고령인구가 많은 전남의 경우에는, 거동이 불편하고 경제적으로 약한 노인이나 장애인들의 큰 불편이 예상됩니다. 또한 농촌지역 중소병원은 농어촌 인구가 감소되고, 농어촌에 취업하는 것을 기피하기 때문에 의료 인력 확보에도 문제가 되고 있습니다. 이러한 상황으로 환자가 감소될 것이 불 보듯 뻔해서 도산까지 우려되고 있는 상황이라고 합니다.

한편, 전남지역 중소병원협의회 소속 병원장들은 병·의원 셔틀버스 중단과 관련해서 행정소송 등 공동 대응책을 논의한다고 합니다.

우리 지역의 농어촌 실정을 고려하지 못한, 국회의 입법 활동에 문제가 있다고 봅니다. 전남의 농촌지역은 노인들이 대부분 고령화되어 있고, 계속 노령인구가 늘어날 것입니다.

그래서 농어촌 노인들과 장애인들을 고려하는 의료서비스가 마련되어야 할 것이고, 병원들의 이익보다는 노인들의 복지측면에서 정부정책이 마련되어야 할 것입니다.

4) 692억, 광산업 첨단장비기 운영비 없어 낮잠 잘 판이라는데, 어떻게 된 내용입니까?

☞ <한국 광 기술원>이 광산업 1단계(2001~2003) 기간 중 692억 원 상당의 첨단장비를 구축했지만, 내년 예산에 이들 장비에

대한 유지비와 시험운영비가 전혀 반영돼 있지 않았기 때문입니다
(전남매일).

한국광기술원에 따르면 광 관련 중소·벤처기업에 첨단장비를
지원하기 위해서 여러 가지 품목의 장비를 구축하고 공통장비도
추가로 갖출 예정이라고 합니다.

그렇지만 내년 예산에 이들 장비들에 대한 재료비, 유지관리비가
반영돼 있지 않아서 문제라고 합니다.

운영비 등이 없어서 첨단장비를 놀린다면 광산업체뿐만 아니라
국가적으로도 큰 손해라고 할 수 있습니다. 정부(산자부)에서도, 영
세한 벤처 업체들이 첨단장비들을 실제 현장에서 활용할 수 있도
록, 내년 예산을 심의할 때에, 장비 운용과 관련한 예산은 지속적
으로 지원되어야 할 거라고 생각됩니다.

**5) 어제가 '제헌절'이었는데 앞으로는 구속된 피고인도 선고기일에 사
   복을 입고 출석하고, 무죄나 집행유예를 선고받으면 법정에서 바
   로 석방된다고요?**

☞ 대법원과 대검찰청에서 마련한 개선안에서 나왔습니다. 즉
'사법 서비스의 질적 향상을 위한 형사 사법 절차의 개선안'인데,
오는 8월 1일부터 시행에 들어간다고 합니다(전남일보).

개선안을 보면, 재판부가 무죄 집행유예 등을 판결하면 법정에
출석한 검사는 즉시 석방지휘를 하고, 또 구치소 측에서도 최소한
의 확인 절차를 밟은 후 피고인을 구치소로 데려가지 않고 즉시 석
방하게 됩니다. 그리고 선고기일에는 피고인이 사복을 입고 출석하

 세상보기

고, 석방된 후에 본인 또는 가족 등이 교도소에서 영치물을 수령하는 절차를 밟을 수 있도록 한다는 겁니다.

현재는 무죄나 집행유예 등의 선고를 받고도, 수의나 관급품의 반납 등의 여러 가지 절차 때문에, 구치소나 교도소로 호송되어서 오후 늦게나 밤늦게 풀려났습니다.

무죄판결을 받은 사람을 곧바로 풀어 주는 것이 인권차원에서 당연한 것이며 늦게나마 잘못된 인신구속 관행이 개선된 것을 환영합니다.

앞으로도 행정절차보다는 인간의 권리가 우선적으로 고려되는 사회가 되었으면 합니다.

(2003.07.18. 방송)

17. 한우로 둔갑한 수입쇠고기

1) 학교급식납품업체가 수입쇠고기를 한우로 둔갑시켜 광주지역 한 고등학교에 납품했는데요. 최근 이 업체가 학교 측이 수입쇠고기 납품을 요구했고 이 과정에서 남은 차액을 학교 측에 지급했다고 주장하고 있죠?

☞ 그렇습니다. 한우 대신 수입쇠고기를 광주 한 고등학교급식소에 납품해서, 수천만 원의 부당이득을 챙겼습니다.

지난 2000년 8월부터 최근까지 340여 차례에 걸쳐 호주와 뉴질랜드산 수입쇠고기를 한우로 둔갑시켰고, 부당이득은 무려 6,600여만 원입니다(광주일보).

그래서 업체 대표가 구속됐는데, 이 학교 행정실에서 한우 대신 수입쇠고기를 납품할 것을 요구했다고 합니다. 그런데 판매 업체에서 수입쇠고기를 납품하고 거래명세서에는 한우로 납품한 것처럼 허위로 작성했다는 겁니다.

만약 이게 사실이라면, 학교급식 운영에 심각한 문제가 될 것입니다. 좀 철저히 조사해야 할 것이고, 이 일을 계기로 광주에 다른 학교도 급식 실태를 파악했으면 합니다.

2) 오늘 23일 전남대 국제회의동 용봉홀에서는 윤덕홍 교육부총리가 참석한 가운데 지방대학 혁신역량 강화 방안 정책토론회가 개최됐는데요. 최근 지역 대학들이 정부의 각종 대학 평가에서 잇따라 탈락돼 심각한 문제가 되고 있죠?

☞ 각종 대학평가에서 광주·전남지역 4년제 대학 중 극소수만 겨우 체면치레를 하고 있는 것으로 나타났습니다.

교육인적자원부는 2003년도 '특성화 우수대학'과 '지방대학 육성사업' 대상을 각각 선정·발표했습니다.

특성화 우수대학으로 광주·전남 지역에서는 호남대, 대불대가 선정됐지만, 지역대학의 대표 주자라 할 수 있는 전남대나 조선대 등은 포함되지 못했습니다(전남매일).

또 지방대학 육성사업 대상에는 전남대와 조선대, 호남대가 들어간 반면에 나머지 대학들은 모두 탈락했습니다.

그리고 사업자 1개 팀에 최고 5억 원까지 지원되는 'BK21' 신규

 세상보기

사업에는 광주·전남 지역에서는 전남대 1개 팀, 조선대 4개 팀 등이 선정됐는데, 이것은 경북대 7개 팀, 포항공대 8개 팀이 선정된 것과 큰 대조를 보이고 있습니다.

또 대학 중에는 시간강사 수가 교수의 15배가 넘는 대학이 있어요.

예를 들면, 한려대는 2002년 현재 교수(조교수)가 2명인 반면 시간강사는 31명이나 돼서 전국 4년제 대학 가운데 시간강사 의존율이 가장 높았습니다. 광주여대는 정교수는 단 1명도 없는 것으로 나타났습니다.

어떻게 학사를 운영하고 있는지 의문이 듭니다. 앞으로 정부의 평가에 따라서 예산지원을 받는 데는 받고, 못 받는 데는 계속 못 받아서 차별화가 정확하게 될 것이며, 결국 일부 대학은 도태될 가능성도 있습니다.

앞으로는 경쟁력을 갖춘 대학만이 살아남는다는 것을 대학당국에서도 인식하고 대학을 특성 있게 만들어 나가야 할 것입니다.

3) **충남도교육감의 각서 파문이 사회적인 파장을 불러일으키고 있는 가운데 9월 교원정기인사를 앞두고 객관성을 위해 제도적 장치 마련이 시급하다는 여론이 일고 있죠?**

☞ 그렇습니다. 전남의 경우에는 2001년 3월 교육장 임용 때 '교육장공모제'를 한 차례 실시했지만, 교육감이 바뀌면서 흐지부지되었기 때문에, 이 제도를 다시 부활하거나 적어도 투명성이나 공정성이 보장되도록 하는 대안이 마련되어야 할 것입니다(무등일보).

전남은 특히 농어촌과 도서벽지가 많습니다. 그래서 일선 시·군

교육장 자리도 22개나 됩니다.

그런데 교육장인사를 위한 기구가 별도로 설치돼 있지 않다는 것입니다. 교육감의 의중에 따라 인사가 단행될 수밖에 없습니다. 아무리 유능하다 해도 교육감의 맘에 들지 않으면, 교육장으로는 나갈 수 없는 처지입니다.

전남지역 한 초등학교 교장은 표현에 의하면, "차라리 공모제 등 시험이라도 있다면 교육철학을 펼쳐 보여 자질을 평가받겠지만 그럴 수도 없어 답답하다."고 하소연을 합니다.

전남은 9월 교원인사 때 교육장 자리 변동이 5곳에 달할 전망이라고 합니다.

인사에 대한 공정성이나 투명성이 담보되지 못하면 인사 뒤에서 무수한 잡음이 들릴 수밖에 없습니다. 특히 개혁의 바람이 불고 있는 이때에 교육 인사 정책에도 혁신적인 인사시스템이 마련될 수 있기를 기대합니다.

4) 사립유치원이 교사가 없어 심각한 구인난을 겪고 있다면서요?

☞ 그렇습니다. 사립 유치원 교사들이 낮은 임금과 과중한 업무량 때문에, 유치원을 떠나고 있습니다. 또한 지난 2001년부터 전문대학의 유아교육 과정이 2년에서 3년으로 개편되면서, 내년에는 졸업생이 배출이 어려워 더욱 유치원 교사가 부족할 것입니다(전남일보).

광주에는 현재 220개의 공·사립유치원에서 730여 명의 교사들이 있는데, 전체 유치원 교사의 80% 정도가 사립유치원 교사들입니다. 그래서 이 교사들은 낮은 임금과 장시간 근무, 과중한 업무로 유치

세상보기

원을 떠나는 이직률이 40~50%에 육박하고 있고, 생활정보지에는 유치원 교사 구인광고가 하루 20~30여 건에 이르는 것입니다. 올해의 경우 광주 대부분 대학에서 유아교육과가 미달사태를 빚기도 했습니다.

몇 년 전까지만 해도 조기교육 붐으로 유치원 교사가 여성의 직업으로 각광을 받기도 했지만, 유치원 교사들에 대한 대우가 개선되지 않으면 유치원 교사의 수급 문제는 계속적으로 문제가 될 것입니다. 교육당국에서 교사 확보를 위한 특단의 대책을 강구하기를 바랍니다.

5) 마지막으로 지하철 개통을 대비해 광주 시내버스 노선을 전면 개편해야 된다는 용역결과가 나왔다면서요?

☞ '2004년 광주시 지하철 개통대비 시내버스 노선개편을 위한 용역'을 추진하면서, 시내버스 운행실태를 분석한 결과입니다.

지하철 1호선 전체 구간이 현재 시내버스 82개 노선 중 73%(60개) 노선이 중복되고 있습니다(무등일보).

노선의 평균 중복거리는 4.23킬로미터(km)이고, 5km 이상 중복되는 노선도 5·6·555번 등 18개 노선이나 됩니다. 특히 555번 시내버스는 지하철 1호선 전체 거리의 78.9%(15.87km)가 중복되고 있습니다.

광주시는 이번 시내버스 노선개편 용역을 토대로 지하철과 중복되는 노선을 부분적으로 개편할 계획이라고 합니다.

올 12월 말까지 전체 시내버스 노선을 개편한다고 합니다.

내년이면 지하철 1호선이 개통된다는 점을 감안하면 좀 더 서둘러야 할 것입니다.

(2003.07.23. 방송)

18. 아파트, 누수와 균열이 심하다

1) 기업이 파산위험에 직면했을 때 법원에 대해 화의신청을 하면 기업도산은 피할 수 있는데요. 화의를 신청했던 대부분 기업들에 대해 법원이 화의취소 결정이 내렸다면서요?

☞ 먼저, 화의제도를 간단히 살펴보면, 기업이 파산위험에 직면할 때 법원의 중재 감독 아래에서 채권자들과 채무변제 협정을 체결합니다. 그래서 파산을 피하는 제도입니다.

이것은 법원의 결정이 중요한데, 화의신청이 타당하다고 판단하면 기업도산을 막아 주는 역할을 하지만, 화의조건을 이행할 의사나 능력이 없으면 화의가 취소돼서 회사를 정리해야 합니다. 근데 광주지방법원에서는 이 지역 12개 법인에 대해 화의취소를 결정했습니다(광주일보).

그 법인회사를 살펴보면, (주)화니백화점 · (주)라인건설 · (주)라인주택 · (주)남일피혁 · (주)석산레미콘 등 입니다.

그래서 이들 기업들의 청산이나 파산이 불가피하게 됐습니다. 특히 광주 · 전남지역 중견기업들이 대거 포함돼 있어서, 지역경제에도 큰 파장이 있을 것 같습니다. 또 해당 채권자들의 막대한 피해가 예상됩니다.

경기침체 속에서 이런 결정이 있어서, 더욱 암담합니다. 결국 이런 피해는 계속 연쇄적으로 이어지기 때문에, 기업이나 채권자들의 피해를 최소화할 수 있는 대책이 마련되어야 할 것입니다.

2) 광주 광산구 운남지구 주공 아파트 곳곳에서 심각한 누수와 균열이 발생하고 있다면서요. 부실시공의 의혹까지 제기되고 있는데 자세한 내용 전해 주시죠.

☞ 아파트 지하주차장이 지나치게 균열이 돼서 사용이 중단되고 있습니다. 또 일부 공간에서는 심각한 지반 침하 현상이 진행되고 있다고 합니다.

이 아파트의 한 주민에 의하면, 지난 6월부터 30여 평 아파트 내부 중에 거실, 작은 방, 베란다 등 서너 곳에 누수가 계속돼서, 천장에 물이 고이고 벽면 일부에 균열이 발생해서, 관리사무소에 보수를 요구했다고 합니다.

그러던 중 지난 14일 갑자기 가로 1m, 세로 2m의 거실천장 석고보드가 떨어지는 상황을 겪었습니다(무등일보).

단지 내 1천여 가구 중 심각한 누수 현상으로 인해 아파트 내부 곳곳에 균열이 생기는 피해가 11가구에 달하고 있어서 부실시공 의혹까지 제기되고 있습니다.

어떻게 이런 일이 벌어지고 있는지, 철저히 점검을 해야 할 것입니다. 또 누수와 균열의 원인이 무엇인지도 밝혀야 할 것입니다.

그리고 부실시공이 원인이라면, 관리자들의 처벌과 함께 이와 같은 유사한 일이 발생하지 않도록 하는 대책이 강구되어야 할 것입니다.

3) 농어촌지역 학생 중 친부모가 아닌 조부모 또는 친인척에 얹혀사는 결손가정 초등학생 비율이 증가하고 있다면서요?

☞ 광주교육대학교 박남기 교수(교육학과)가 조사한 결과입니다. 2001년 10월부터 올 4월까지 전남지역 농어촌소재 270개 초등학교를 조사한 것입니다(이혼가정 학부모와 자녀를 위한 초등 학급경영연구).

조사 결과 결손가정 학생 비율이 전체 학생의 15% 이상 되는 학교가 3분의 1이나 됐습니다. 결손가정 학생의 비율에 특징이 있습니다. 도시지역보다는 읍·면 지역이 높습니다. 또 읍·면 지역보다는 도서벽지에 결손가정이 많고, 고학년보다는 저학년일수록 높게 나타났습니다.

예를 들면 한 초등학교는 전교생 76명 중 69명이 결손 가정이고, 또 다른 초등학교는 한 학급 10명 중 9명의 학생이 부모 곁을 떠나 농어촌에서 조부모나 친인척 집에 얹혀살고 있는 것입니다(전남매일).

이런 도시에 거주하던 농어촌 출신 부모가 이혼 후에 자녀를 조부모나 친인척에게 보내는 경우도 있고, 농어촌에 태어났지만 경제난으로 부모 중 한쪽이 가출해서 발생한 경우도 있는 것으로 나타났습니다.

그런데 더 큰 문제는 이들 결손가정 학생들이 사실상 아무렇게나 내팽개쳐져서, 앞으로 큰 사회문제로 발전할 수 있다는 것입니다. 그래서 이런 학생에 대해서 국가적인 대책이 필요합니다.

이들 학생들을 위한 사회복지 시스템이 필요하고, 생활비나 교육비 지원 등도 마련되어야 할 것이며, 교사들도 이런 결손아동들을 잘 이해할 수 마음이 필요할 것입니다.

4) 전남 순천만이 빠르면 올해 안에 습지보호지역으로 지정된다면서요?

☞ 해양수산부에 따르면, 전남 순천만의 갯벌을 보호하기 위해서 습지보호지역으로 지정하는 방안을 추진 중이라고 합니다.

습지보호지역으로 지정되면 공유수면 매립이나, 건물 신·중축, 그리고 조개류 채취 등 갯벌에 영향을 미치는 여러 가지 행위가 제한됩니다.

순천만은 우리나라에서 유일하게 염습지가 남아 있는 유일한 갯벌로 넓은 갈대군락이 유명합니다. 그래서 해양부는 다음 달부터 현지 확인 작업과 지역 주민을 대상으로 한 공청회를 통해서 의견을 수렴한 뒤에, 관계부처와의 협의를 거쳐서 습지보호지역으로 지정할 계획입니다. 그런데 문제는 습지보호지역으로 지정되면, 어민들의 어업에 지장을 받을 수 있습니다.

요즘에는 환경보존과 관련해서 주민들과의 갈등이 있는 경우가 많은데, 충분한 논의과정을 거쳐서 주민들과의 마찰이 없도록 해야 할 것입니다.

5) 미국의 유력한 정치학회지에 5·18 광주 민중항쟁이 특집으로 다뤄져 관심을 모으고 있다면서요?

☞ 미국 정치학회의 유력한 진보 학회지 중 하나인 'New Political Science'가 최근 특집호를 발간해 5·18을 집중 조명했다

고 합니다.

광주 민중항쟁과 한국 민주주의의 창출(The Gwangju Uprising and the Creation of South Korean Democracy)이라는 제목으로 5·18의 사회·정치학적 의미뿐만 아니라 여성사적 시각과 시민들의 항쟁 참여 과정, 언론의 역할, 한국 정치민주주의 발전에 있어서의 광주항쟁의 명암 등을 총체적으로 분석한 것입니다(전남일보).

이 책의 집필에는 전남대 5·18 연구소에서 교환교수로 활동했던 조지(카치아피카스) 교수(미국 웬트워스대학)와 나간채 교수 등 연구자 7명이 참여했다고 합니다.

이제 5·18 민중항쟁이 세계 정치적으로도 의미를 갖게 되었으니 광주가 세계적인 인권의 도시로 거듭나길 기대합니다.

(2003.07.30. 방송)

19. 엉터리 통계

1) 광주시가 주력산업으로 육성하고 있는 광산업 관련 통계가 부실해 광산업 프로젝트에 걸림돌이 된다는 지적이 나오고 있는데 어떤 소식입니까?

☞ 정책을 수립할 때 가장 기본이 되는 것이 통계라고 할 수 있는데, 이 통계 수치가 현저한 격차를 보이고 있습니다.

광주시 자료를 보면, 지난해 말 현재 광관련 업체수와 종업수를 표시했습니다. 즉 자료에 의하면 업체 수는 160개, 종업원 수는

4,932명인데 현장 업체들의 반응은 전혀 다릅니다. 즉 한 업체 대표는 광주시가 광관련 분류코드를 어떻게 잡았는지 모르겠다는 반응을 보이고 있습니다. 또 다른 업체 사장은 "후하게 잡아 줘도 광관련 업체는 절반을 넘지 않을 것"이라고 얘기하고 있습니다(광주일보).

또 광주시가 집계한 광업체의 매출총액은 9,432억 3,100만 원이며, 이 가운데 수출액은 4,321억 3,000만 원에 이른다. 이것도 업체 대표들은 '한마디로 웃기는 통계'라고 합니다.

이처럼 통계수치가 차이가 많은 것은 광업체 분류방식이 모호하기도 하지만 광주시가 외형 부풀리기를 한 것으로 판단하고 있습니다.

사실 통계를 가지고 기본 계획도 짜고, 또 정책을 수립하고 판단하는 기초가 되는데, 이런 엉터리 통계를 가지고 광산업을 광주의 주력산업으로 육성한다는 계획이 나올 수 있는지 의문이 됩니다. 광주시는 지금부터라도 외부에 보이기 위한 부풀리기 행정보다는 내실을 기하는 행정을 펴야 할 것이며, 또 기본에 충실한 시정을 펼쳐 주길 기대합니다.

2) 내년 선거를 앞두고 지방자치 단체들이 인구 불리기에 나서고 있다면서요?

☞ 그렇습니다. 국회 선거구획정위 실무지원단은 지난 4일 선거구 조정안을 보고했습니다. 이 조정안을 보면 17개 선거구를 폐지하고 24개 선거구를 분구한다는 것인데, 이때 적용된 인구기준은 하한 10만 6,269명, 상한은 31만 8,809명으로 나타났습니다(무등일보).

그래서 통폐합될 운명에 처한 고흥과 나주 등 도내 2곳은 물론 담양과 화순, 장성, 함평 등을 중심으로 인구 유출을 막고 유입을 꾀하기 위한 움직임들이 활발하다는 겁니다.

예를 들면, 고흥군은 지난 1월 현재 인구수 9만 2,000여 명이었던 것이, '주민등록 고향 옮기기 운동' 등을 추진해서, 6월말 현재 9만 9,600여 명에 달하고 있습니다.

또 나주시의 경우도 외지에 거주하는 공무원들이 관내로 옮겨 올 경우 인사고과에 가산점을 주고 있어서, 실제로 인구가 늘었습니다.

그런데 더욱이 이 같은 '인구 늘리기'는 8개월여 앞으로 다가온 내년 총선이 있기 때문에, 선거구 조정으로 다른 선거구와 통폐합 가능성이 높은 지역에서 집중적으로 이뤄지고 있다고 합니다. 그래서 '위장전입' 논란이 제기되고 있습니다.

선거구 통폐합에 가장 민감한 사람들이 정치인들이 될 텐데 국회의원들이 선거에만 신경을 쓰는 것보다는 생활고에 시달리는 시민들을 위한 대책을 마련하는 데 관심을 집중해야 할 것입니다.

인구를 부풀리는 한쪽이 늘어나면, 다른 쪽이 줄어드는 현상이 일어납니다. 선관위에서는 이런 인구 늘리기를 제도적으로 막을 수 있는 방법을 강구해야 할 것입니다.

3) 여수 산업단지 입주업체에 취업시켜 준다며 수억 원을 가로채는 취업사기 사건이 또 발생했다면서요?

☞ 경찰에 접수된 취업과 관련한 사기 사건은 지난달에 모두 4건으로 피해자 80여 명 피해액 25억 원대에 달하고 있습니다.

여수경찰에 따르면 여수산단 내 모 대기업에 생산직원으로 취업

세상보기

시켜 주겠다고 속여 7억여 원을 받아 챙긴 혐의(사기 등)로 배 모 (51) 씨를 수배했습니다.

경찰에 따르면 배 씨는 취업시켜 주겠다고 속여서 지난 1월부터 6월 중순까지 21명으로부터 7억 1,000여만 원을 받았다는 겁니다 (전남일보).

이런 취업사기사건은 이번이 처음이 아니고 지난달에도 모 업체에 취업시켜 주겠다며 20여 명의 구직자로부터 6억여 원을 챙긴 이 회사 노조부위원장 임 모(42) 씨 등 2명을 구속한 적도 있습니다.

이렇게 유난히 여수산단에 취업사기가 많은 것은 이유가 있는 것 같습니다. 그 이유는 기본적으로는 극심한 취업난이고, 중요한 것은 공장의 생산직 직원이더라도 고임금에, 정년이 보장되기 때문입니다.

예를 들면, 산단 내 대기업 공장의 고졸생산직 직원의 경우 수당을 포함한 초봉이 3,000만 원 이상이고, 10여 년 근무하면 5,000만~6,000만 원까지 받으며 대부분이 정년인 58세까지 보장받고 있습니다.

그래서 다른 지역에 비해서 취업사기 사건이 많이 일어나고, 취업청탁도 많을 것입니다.

그리고 문제는 취업사기꾼만이 아니고, 돈을 받고 채용해 주는 사람이 문제입니다. 그래서 연결고리를 끊는 작업이 필요하다고 생각됩니다. 이번 기회에 경찰에서는 취업사기의 연결고리를 끊는 작업을 해야 할 것입니다. 회사 자체적으로도 채용에 투명성을 유지할 수 있는 장치를 마련해야 할 것입니다.

4) 최근 국내외 경기부진과 대기업을 중심으로 한 노조파업 등의 영향으로 광주ㆍ전남 지역 중소기업들의 어려움이 가중되고 있다면서요?

☞ 그렇습니다.

실제로 기아자동차에 부품을 납품하는 하남산단의 대부분의 중소기업들은 기아의 파업과 경기침체로 조업시간을 줄이고 있습니다.

또 일부 업체들도 납품물량이 줄면서 조업단축과 함께 라인을 감축할 예정인 곳도 상당수 있다고 합니다. 이것은 중소기업협동조합중앙회가 광주ㆍ전남 지역 102개 중소업체를 대상으로 조사 발표한 자료(중소기업 경기전망조사)에 의한 것인데 이 조사결과를 보면, 지난 6월 중 지역 내 중소기업들의 평균 가동률은 68.3%를 나타내서 올 들어 가장 낮은 수치를 보였다는 겁니다.

7월 중 중소제조업 경기전반에 대한 중소기업 '건강도 지수(SBHI)'도 하락한 68.6으로 올 들어 지속적인 하락세를 보이고 있다고 합니다. 또 기업체들은 판매난ㆍ자금난ㆍ인력난 등 삼중고가 여전합니다.

그래서 경제 불안 요소를 제거하는 것이 시급하고, 기업체들의 애로사항을 해결해 주는 방법들도 심각하게 고민해야 할 겁니다. 또 노동자들도 파업 등 극단적인 방법들은 피해야 할 것입니다.

5) 여름방학을 맞아 청소년들의 범죄가 잇따라 발생해 대책들이 요구되고 있다면서요?

☞ 전남지방경찰청에 따르면 광주ㆍ전남 지역에서 청소년이 저지른 범죄는 지난 2001년 9,912건, 2002년 9,754건, 올 상반기 현

세상보기

재 4,014건으로 다소 감소추세를 보이고 있다고 합니다.

그러나 지난해 한 달 평균 발생한 청소년 범죄는 818건인 반면 여름방학 기간인 지난해 7월에는 944건, 8월 906건으로 집계돼 방학동안 청소년 탈선이 급증한 것으로 분석됐습니다(무등일보, 전남일보).

예를 들면, 해남에서는 같은 마을에 사는 80대 할머니를 살해한 장 모(15 · 고교 중퇴 · 해남군 옥천면) 군에 대해 강도 살인 혐의로 구속영장을 신청했습니다.

장 군은 지난 28일 양 모(83 · 여) 씨 집에 들어가 양 씨를 살해한 뒤 현금 10만 원을 훔쳐 달아난 혐의인데, 경찰조사 결과 단순히 용돈 마련을 위해 이 같은 범행을 저지른 것으로 드러났습니다.

또 광주에서는 대학가 주변에서 "어깨를 부딪치고 쳐다보았다"며 집단 난투극을 벌인 10대 고교생들도 있고, 아파트단지에 주차된 승용차를 상습적으로 털어 온 이 모(15 · 고교 1년) 군 등 2명도 특수절도 혐의로 구속되었습니다.

목포에서는 인터넷 게임(리니지)의 아이템을 판매한다고 속여 1천여만 원을 가로챈 고교생 2명을 상습사기 등 혐의로 구속한 사례도 있습니다.

그래서 여름방학 동안에 학생들의 교외지도가 시급하다고 생각이 됩니다. 또 청소년들이 건전하게 즐길 수 있는 건전한 놀이문화를 개발하는 것도 중요할 것 같습니다. 그리고 무엇보다도 청소년의 탈선을 막을 수 있는 대책이 강구되어야 할 것입니다.

(2003.08.01. 방송)

20. 현대차 임금 단체 협상 타결되다

1) 한 달 이상 끌어온 현대자동차 노사의 임금 단체 협상이 타결됐습니다. 노조의 입장을 대폭 수용해 재계에서는 우려의 소리도 있는데요. 이런 가운데 기아자동차 광주공장이 임금 단체 협상을 내일 가질 예정이라면서요?

☞ 그렇습니다. 현대자동차의 임금 단체 협상이, 파업 시작 42일 만인 어제 합의됐습니다. 주 5일 근무제 9월 1일부터 실시내용과 비정규직 처우개선 또 고용안정 보장 등에 합의했습니다.

기아자동차 임단협 협상에도 긍정적인 영향을 미칠 것 같습니다.

지난달 23일부터 기아자동차 광주공장 노조가 부분파업을 벌이고 있는데, 이번 단체협상 소식을 듣고, 기아차도 파업을 자제하고 사측과 협상에 전념키로 했습니다(광주일보).

그래서 하계휴가가 끝난 지난 4일부터 정상조업에 들어간 기아차 광주공장 노조는 (5차) 교섭일정을 내일(7일에) 가질 예정이라고 합니다.

또, 현대·기아차 노조파업에 따른 피해를 입고 있는 협력업체들이 파업사태 조기해결을 촉구했습니다.

보통 자동차 회사는 많은 관련된 협력업체들이 있는데, 광주·전남권의 기아차 광주공장 협력업체는 220여 개이고, 이들 협력업체들의 입장은 더욱 힘들 것으로 생각이 됩니다.

그래서 노사양 측은 자신들의 주장만을 관철하기보다는, 대국적인 견지에서 지역경제와 국가경제를 생각해야 할 것입니다. 서로가 양보할 건 양보해서, 협상이 하루빨리 타결될 수 있기를 기대합니다.

2) 어제 인천광역시 송도와 영종도. 청라지구가 경제자유구역으로 지정돼 첫 테이프를 끊었습니다. 사업비만 해도 14조여 원이라는 천문학적인 숫자입니다. 원래 계획대로라면 광양만권과 부산이 동시 지정될 예정이었지만, 어떤 이유인지 두 곳은 제외됐는데요. 그 배경이 무엇입니까?

☞ 광양만권 경제자유구역은 지정 신청 자체가 늦춰지기 때문이라고 합니다(지정 신청 자체가 지난달 10일→지난달 말→8월 중으로 늦춰짐).

재정경제부에서는 광양만권에 하동 갈사지구(380만 평)가 포함되므로 경남도와 함께 신청해 달라는 것입니다.

그런데 경상남도에서는 자신들의 지역에 있는 하동 갈사지구의 지정 대상 면적을 늘려 주는 겁니다. 그래서 전라남도와 경상남도 간에 협의가 늦어지고 있기 때문입니다(광주일보).

그런데 전라남도 준비상황이 더 큰 문제입니다. 기간도 짧고 이걸 준비하는 인원도 적다는 것입니다.

인천의 경우 지난 1994년부터 10년째 치밀한 준비를 해 왔지만,

광양은 지난해부터 지정 요청에 나섰습니다. 전남도가 개발계획 수립용역을 국토연구원에 주었는데, 이것도 내년 4월께 완료될 예정이라고 합니다.

또, 인원을 보면, 전남도의 경우 지난달 말 12명 정도가 기획업무를 하고 있지만, 인천은 수년 전부터 30여 명으로 일해 왔다는 것입니다.

무엇이든지 한 가지 특정사업을 준비하려면, 온 힘을 기울여서 준비를 해야 합니다. 경제자유구역 지정이 되지 못한 것은 전라남도의 준비 부족이 가장 큰 원인인 것 같습니다. 지금부터라도 준비 인원을 늘리고, 계획도 철저히 짜서 소기의 목적을 달성할 수 있도록 해야 할 것입니다.

3) 어제 광주시 운림동 골프장 건설과 관련해 청문회가 있었다면서요?

☞ 광주시가 뒤늦게 민간업자가 착공예정인 골프연습장 부지를 증심사 집단시설지구 개발계획에 포함시켜 마찰을 빚고 있는 가운데 어제(5일 오후) 토지 소유주에 대한 건축허가 취소 청문회가 광주 동구청에서 열렸습니다(전남매일).

광주시 동구 운림동 일대 4,500평의 소유주 박 모 씨(48)가 신축하려는 골프연습장과 관련된 것인데, 광주시에서는 "공익사업에 지장을 초래한다."는 이유로 건축허가 취소를 해 왔습니다. 소유주 박 씨의 주장은 "충분한 보상비를 지불하지 않는다면 골프연습장 신축을 강행하겠다."는 것입니다. 또 "손배소송까지 제기하겠다."는 겁니다.

박 씨의 경우 지난 2001년 건축허가 제한 고시 전에 골프연습장 신축을 신청했는데 광주시 동구청이 건축허가를 반려하자 행정소송을 제기해서, 올해 1월 9일 승소했고, 법원 판결에 따라 지난 3월 건축허가를 받았습니다.

사실 요즘 무등산 보호에 대한 관심이 높습니다. 이 문제는 개인의 재산권 행사도 중요하지만, 공익적인 차원에서 접근해야 할 것으로 생각이 됩니다. 그래서 무등산 주변에 대한 개발과 보존 논리를 광주시와 동구청이 어떻게 대응할지 주목됩니다.

4) 순천에서는 도심지 아파트 공사현장에서 발파에 따른 대형 안전사고가 발생해 문제가 되고 있다면서요?

☞ 광주지역의 대주건설(주)이 지난해 10월부터 순천시 조례동의 9,435평에 517세대 규모의 아파트 건립공사를 하고 있습니다. 때문에 암반제거를 위한 발파작업을 매일 2～3차례씩 하고 있지만, 안전시설물이 제대로 갖춰지지 않아서 공사현장 인근에 위치한 아파트와 상가 주민들이 피해를 겪고 있다고 합니다. 소음과 비산먼지·토사유출 등이 문제라고 합니다.

암반제거 발파 작업 중에 돌 파편이 튀어 공사장 앞 H자동차공업사와 Y식당 등 상가건물 일부가 파손되었으며 도로에 주차된 승용차의 유리창과 보닛이 날아든 돌 파편에 박살나기도 했다고 합니다.

주민들이 수차례 당국에 민원을 제기해도 사고 조사는커녕 지금까지도 아무런 대책도 없다고 합니다. 그래서 업체와 관계당국과의 유착 의혹이 제기되고 있습니다.

어떻게 도심 한가운데 이런 일이 발생하고 있는지 한심합니다.

일단 주민들의 피해상황을 철저히 조사해야 하고, 지금이라도 안전시설을 설치해서 주민들이 다치지 않도록 해야 할 것입니다. 또, 업체와 관계당국 간의 유착 의혹도 철저히 조사되어야 할 것입니다.

5) 최근 대학 내 성폭력이 위험수위라고 하는데요. 몰래카메라 사건 등 성관련 사건들이 잇따라 발생하고 있다면서요?

☞ 광주의 한 대학교에서 일어난 사건으로 제자를 불러내서 술을 마시고 성관계를 가진 교수가 있다는 겁니다(무등일보).

그런데 징계위원의 성원부족으로 위원회의 소집이 연기되었다는 이유로 해당 교수에 대한 징계를 미루고 있습니다. 이런 징계가 지지부진한 가운데 같은 대학교의 다른 교수는 여조교 연구실에 웹카메라를 설치해서 고소당한 사건이 발생했습니다.

학교의 홈페이지 게시판에는 학생들의 비난의 글이 올라오고 있습니다. '미온적인 처리가 또 다른 성사건을 불러일으켰다.'라든지, "교수사회의 성폭력에 대한 인식부재에 대해 통탄한다."는 주장이 이어지고 있습니다.

성희롱의 문제는 이제 신성한 대학에서도 예외 없이 일어나고 있습니다. 교수를 믿고 따르는 제자들에게 부끄럽지 않는 스승이 되어야 할 것입니다.

그리고 성희롱을 한 해당 교수에 대해서는 엄중한 책임을 물어서, 더 이상 대학에서, 성희롱 문제가 발생하지 않도록 해야 할 것입니다.

(2003.08.06. 방송)

21. 관광성 해외연수 빈축을 사다

1) 광주시교육청이 수억 원의 예산을 들여 여름방학에 무더기로 관광성 해외 연수를 가서 빈축을 사고 있죠. 사실 이 같은 일이 처음은 아닌 것 같은데 어떻습니까?

☞ 지난해에 이어서 2년째 해외 연수 명목으로 해외여행을 떠났습니다.

교원들이 초등 59명, 중등 79명 등 모두 138명이나 됩니다. 대부분 일선 초·중·고교의 교장, 교원, 교육청 전문직도 일부 포함돼 있습니다(무등일보).

광주시교육청이 지원하는 예산은 2억여 원이나 됩니다.

그런데, 이번 연수가 순수 교육 목적이라고 하지만, 대부분의 일정이 관광성이라는 것이고 방문국도 경비가 가장 비싼 유럽과 미주 등으로 잡혀져 있습니다.

지난달 24일부터 10박 11일간 실시된 초등 교육과정 운영 팀의 테마연수는 1인당 380여만 원 경비를 들여 이탈리아, 독일, 프랑스, 스위스, 노르웨이 등 유럽 5개국을 방문하고 돌아왔다는 겁니다.

또 다른 팀은 8일부터 19일까지 미국과 캐나다의 유명 관광지를 시찰하고 돌아올 예정이라고 합니다.

교원들이 국제 감각을 높이기 위해 연수가 필요하다면 꼭 가야겠지만, 문제는 경비의 많은 부분을 세금에서 충당하고, 또 경제가 어려운 이런 상황에서 꼭 가야만 했는지, 생각해 봐야 할 것입니다. 더욱더 중요한 것은 연수의 내용도 관광성 일정이 되지 않게 내실 있는 연수가 되기를 기대합니다.

2) 지역의 우수교수진들이 잇따라 지방대학을 떠나고 있다면서요. 어떻게 된 겁니까?

☞ 광주 전남지역 대학의 우수 교수진들이 수도권 등으로 빠져나가고 있는데, 그 수가 올해 들어서만, 전남대 5명을 비롯해서, 조선대 3명, 동신대 3명, 순천대 1명, 광주여대 1명 등 교수 13명이 서울대·서강대 등 수도권 대학으로 자리를 옮겼다고 합니다(전남일보).

전남대의 경우에는 정근식(46, 사회학과) 교수가 지난달 21일 서울대로 옮겼고, 미술교육과 이태호(50) 교수도 3월 1일 명지대로 자리를 옮겼습니다. 이처럼 교수들이 대부분 수도권으로 이동하는 것은, 지방대보다는 아무래도 수도권 소재 대학이 학술적 지원이라든지 처우가 뛰어나기 때문입니다.

사실 교수들을 애향심만을 가지고 지방대학에 있으라고 권유하기엔 어려움 점이 있기 때문에 지역 차원에서 유능한 인재를 확보하는 대책 마련 및 지방에서도 연구 활동을 잘 할 수 있는 여건 조성이 필요하다고 생각됩니다.

3) 최근 행정자치부가 입법 예고한 '지방분권특별법안'이 실질적인 지방분권 실현에는 도움이 되지 않을 것이라는 주장이 제기됐죠?

☞ 그렇습니다. <전남매일>에 실린 기사입니다.

정세욱 명지대 교수(전국 시장·군수·구청장협의회 자문교수)가 어제(7일) 광주 무등파크 호텔에서 열린 광주시 자치구 지방분권추

 무등의
세상보기

진협의회 창립총회에 앞서 주제 강연을 통해 이같이 주장을 했습니다.

여기에서는 지난달 22일 행자부가 입법 예고한 '지방분권특별법안'에 대한 얘기가 많이 나왔습니다.

법안의 내용이 선언적 내용을 주로 담고 있다는 것입니다. 그래서 법안이 국회에서 통과된다 하더라도 무엇이 얼마나 달라질 것인지 의문시된다고 주장했습니다.

또 지방교부세율의 인상과 관련해서도, 특별법 제10조에는 "국가는 지방재정 확충 및 건전성 강화 등 지방재정 발전과 관련한 방안을 마련해야 한다."는 식의 원론적 내용만 담고 있습니다.

참여정부가 들어서면서, 화두가 분권과 참여인데 형식적으로 법률만 만들 것이 아니라, 실질적으로 지방분권이 실현되기 위해서는 뭐가 필요한지를 행자부가 파악을 해야 할 것입니다. 또 주민들이나 시민 단체, 그리고 자치구에서도 필요한 내용을 요구해야 할 것입니다.

4) 질병 감염 우려가 있는 병원 내 감염성 폐기물들이 제대로 처리되지 않고 버려지고 있다면서요?

☞ 전남지역의 한 병원세탁물 공장에서는 분리 처리되지 않고 있다고 합니다. 병원 침대 시트와 환자복·의사 가운 등의 세탁물 처리업체인, 한 공장을 보면 병원에서 나온 1회용 주사기와 수술용 장갑·거즈·알코올 솜 등이 박스에 하나 가득 담겨 있습니다(광주일보).

또 다른 공장도, 병원으로부터 침대 시트 등 세탁물을 위탁받아 세탁을 대행하고 있는데, 감염성 폐기물이 세탁물에 섞여서 들어오고 있다고 합니다.

그런데 감염성 폐기물은 반드시 병원에서 전용용기에 분리 수거해야 하고, 감염성 폐기물처리업체에 위탁 처리해서 멸균·분쇄 후 매립하거나 소각해야 합니다.

요즘과 같이 날씨가 무덥고 장마가 겹치면 질병감염 우려가 많은데 폐기물 처리를 잘할 수 있도록 관계 당국에서 철저하게 감독해야 할 것입니다. 병원에서도 환자들의 진료 수입만을 생각하지 말고 폐기물 처리에도 신경을 써야 할 것입니다.

5) 마지막으로 심각한 경제난 신빈곤층이 생겨나면서 이들을 위한 사회 안전망 구축이 필요하다는 지적이 있죠?

☞ 민간사회 안전망은 주민들이 나서서 신빈곤층을 돕고 인간적인 관계를 유지할 수 있도록 하는 안전망입니다. 이 안전망은 정부의 사회 안전망에서 빠져 버린 복지사각지대로 놓인 사람들을 돕기 위한 것입니다(무등일보).

기초생활보장 수급자는 광주 4만 7,000여 명, 전남 13만 7,000여 명인데 이들 이외에 중산층과 생활보호대상 사이에 놓여 복지 혜택을 전혀 받지 못하는 사람들, 이른바 신빈곤층이 계속 증가하고 있습니다.

국민건강보험의 경우 보험료를 3개월 이상 연체한 가구도 많아서, 광주가 12만 5,000가구, 전남지역이 17만 4,000가구나 됩니다.

그래서 전체 40%가 건강보험혜택을 받지 못하는 무보험 가구라는
겁니다.

경제적으로 고통을 당하는 사람들을, 민간차원에서 돕고, 또 다
가가서 손을 잡고 따뜻한 대화를 나눌 수 있는 민간 안전망은 참
의미가 있을 것 같습니다.

요즘처럼 생활고로 자살하는 사람들이 많은 상황에서 조금이나
마, 위로와 희망을 줄 수 있는 장치이기 때문에, 이런 민간안전망
이 확대되기를 기대합니다.

(2003.08.08. 방송)

22. 급식비리 그리고 신종사기

**1. 최근 학교급식 비리가 자주 발생하고 있는데요. 학부모와 학생이
   나서고 있다는데, 어떤 소식입니까?**

☞ 최근 수입산 쇠고기를 한우로 둔갑해 납품하다가 적발된 학
교급식 업체들도 학교 관계자와 짜고 이 같은 일을 저지른 것으로
드러났습니다.

한 급식업체 사장은 학부모들이 학교에 내는 급식비의 30%가
영양사 등 학교급식 관계자의 인건비로 나가고, 급식업체가 받는
나머지 금액에서도 30%가량이 급식업체 선정을 위한 로비자금 등
으로 사용되고 있다고 합니다(광주일보).

예를 들어 학부모들이 부담하는 한 달 평균 급식비가 1,400원인

초등학교의 경우를 보면 인건비로 420원, 급식업체의 로비자금으로 294원이 빠져나가 실제 급식 식자재 비용 등으로는 49%인 686원만 사용되는 셈입니다.

문제는 학교운영위원회가 급식업체를 복수추천하면, 학교장이 최종적으로 업체를 정하는데 이 때문에 급식업체들이 로비자금으로 사용한다는 점입니다. 그래서 급식의 질이 떨어지고 학교 측과 급식업자 사이에 검은 거래가 끊이지 않고 있습니다. 급식비리 근절을 위해서 실제 급식이 이뤄지는 학교단위에서부터 학부모와 시민단체 등의 참여를 제도적으로 보장해야 한다는 전교조의 주장이 있습니다.

학교급식은 학생들의 건강과 직결된 문제이기 때문에 선정과정에 투명성이 확보되어야 할 것입니다. 뒷거래로 업체가 선정되면 아무래도 급식의 질이 떨어지고 또 불량한 식단으로 채워질 수밖에 없을 것입니다. 학교에 대한 불신이 커지면 학생들 교육에도 지장을 초래할 텐데, 학교장의 깨어 있는 의식이 요구된다고 할 것입니다.

2) 전남 서해안 양식장에서 큰 새우가 집단 폐사하고 있다는데, 수억 원대의 피해가 우려된다지요?

☞ 국립수산과학원 서해수산연구소에 따르면, 전남도 내 210개 새우양식장(974ha) 가운데 16.7%인 35개 양식장에서 큰 새우(대하)가 집단적으로 폐사했습니다. 원인이 흰반점바이러스라고 합니다.

폐사량은 전체 종묘 입식량의 19.0% 정도인데, 마리당 60원을 잡고 계산해도 약 32억 8,000만 원이 피해액으로 추정된다는 겁니

 세상보기

다(광주일보).

흰반점바이러스는 지난 1992년부터 발생해서 큰 피해를 입히고 있습니다.

이 바이러스에 감염되면, 새우 껍질 내면에 불규칙하게 영지버섯 모양의 백색 무늬들이 형성되고, 발병 수일 만에 대량 폐사하는 경우가 많다고 합니다.

매년 발생하는 이런 바이러스이기 때문에 미리 대처할 수 있는 지혜가 필요한데, 관계 당국에서 너무 무사 안일하게 대처하는 것 같습니다.

어민들이 또 얼마나 애를 태울지 가슴이 아픈 가운데 피해 어민들을 위해서 적절한 피해보상제도도 마련되어야 할 것입니다.

3) 최근 전화를 해서 회원가입을 유도한 뒤에, 가입비를 챙겨 달아나는 신종 사기가 극성을 부리고 있다지요? 어떤 소식입니까?

☞ 일주일 전부터 상무지구에 있는 아파트 단지에, 김치냉장고 등의 무료선물 증정권과 함께 사은대잔치에 초대한다는 내용의 우편물이 무차별적으로 발송되고 있습니다(무등일보).

문제는 경품권을 긁을 때마다 모두 '김치냉장고 당첨'이라는 내용이 있나고 합니다.

한 시민은 "우편함에 꽂혀 있던 경품권을 재미삼아 긁어 보니까, 김치냉장고에 당첨돼 매우 기뻤다."는데, 알고 보니깐, "동네 주민들도 모두 당첨되었다."는 겁니다. 그래서 사기라는 걸 느꼈다고 합니다.

지난 2월 초에 공짜 경품을 미끼로 가정주부나 노인들을 현혹시켜 놓고, 주방·가전제품 등을 턱없이 비싸게 판매했던 유령 업체일 가능성이 높다고 합니다.

공짜 심리를 좋아하는 사람들의 심리를 파고들어서, 사기 영업을 하는 것인데, 행정당국에서도 이런 실태를 조사해서 소비자들이 피해를 당하지 않도록 단속해야 합니다. 무엇보다도 소비자들이 미끼상품에 현혹되지 않아야 할 것입니다.

4) 관변사회 단체에 대한 정액보조금 지원관행이 내년부터 완전히 사라지게 된다는데, 어떤 소식입니까?

☞ 광주시와 전남도에 따르면, 내년부터 사회단체에 대한 정액보조금 지원을 전면 철회하고, 사업계획을 제출한 단체를 사업 심사해서 선별적으로 예산을 지원하는 지침이 행정자치부로부터 내려왔습니다.

지금까지 새마을운동협의회, 바르게살기운동협의회, 한국자유총연맹 등 13개 관변사회 단체에 대한 정액보조금(시·도 각 10억 7,000만 원) 지원이 완전히 사라지게 됐습니다(전남일보).

지금까지 지원받아 왔던 새마을운동본부와 자유총연맹, 바르게살기운동협의회 등이 강력하게 반발하고 있습니다. 그렇지만, 그동안 정액보조금 대상에서 제외돼 왔던 민간사회 단체들은 환영하고 있는 형태입니다.

과거에 정부에서 의도적으로 자신들의 말을 잘 듣는 특정 단체에만 일정액의 보조금을 주었는데, 이것은 정부만을 바라보는 해바라기성 단체들만 키웠던 것입니다.

이제는 해바라기성 단체보다는, 사회에서 꼭 필요하고 유익한 사업을 하는 단체들이 보조받고 활동하도록 해야 할 것입니다. 그리고 선거 때에 나타났던 이런 특정 단체들의 불법선거운동 시비를 없앨 수 있을 것입니다.

5) 오갈 데 없는 '형집행정지자'를 수용할 갱생보호시설이 광주·전남지역에 사실상 전무해서 이들이 인권사각지대로 내몰리고 있다지요?

☞ 교도소 등에서 출소한 '형집행정지자'나 가석방, 가출소, 만기 출소자들 가운데 희망자들에 한해 자립 갱생 프로그램이 마련돼 있습니다. 예산부족 등으로 일부 대상자들이 전혀 혜택을 받지 못하고 있다는 겁니다(전남일보).

교도소에서 심각한 병을 앓아 형집행정지로 풀려난 대상자 가운데 연고가 전혀 없는 사람들의 경우에는 숙식과 치료를 위한 수용시설이 필요한데, 이들을 수용해야 할 갱생보호공단 예산이 부족해서 이들을 다 수용하지 못했다고 합니다. 그래서 갱생보호공단에 대한 예산 지원을 늘려야 할 것입니다. 또 이 공단에서 다 수용하지 못한 사람들은 지역 주민들이나 종교 단체가 나서면 좋을 것 같습니다. 또 지역 유력 인사들도 이런 사람들을 배려해 주는 마음이 필요할 것 같습니다.

(2003.08.13. 방송)

23. 금융대출이 어렵다

1) 광주시와 전남도 등 전국 16개 시·도가 농어업소득보전 등에 관한 특별법 제정과 관련해 공동대처하기로 했다면서요?

☞ 전국 16개 시·도 기획실장들이 회의를 갖고, 오는 21일 열리는 '전국 시·도지사협의회'에서 공식 안건으로 다루고, 공동 대처하기로 했다는 소식입니다.

시·도가 함께 대처해야 할 것이 많습니다. 예를 들면 WTO체제 출범 이후에 농산물 수입이 늘어나서 농촌 소득이 감소되고 있는데 이런 농촌에 활력을 주고 또 농업 경쟁력을 높이기 위한 특별법(농어업소득보전 등에 관한 특별법) 제정을 정부에 건의한다는 겁니다.

이외에도 지역경제 활성화와 지방 중소건설업체를 보호하기 위해 지역제한 공사금액 기준을 조정한다든지 또는 자연재해로 마을어장의 수산생물이 피해를 입을 경우에 농경지 피해에 준하는 피해복구비 지원 규정을 마련하는 방안도 공동으로 대처하기로 했다는 겁니다. 그래서 시·도지사가 독자적으로 추진하는 것보다는 공동으로 대처하는 것이 훨씬 효과적일 거라는 생각이 듭니다. 여러 시·도에서 힘을 모으면 정부의 해당부처를 상대하기가 쉽고, 정부에서도 모른 체하기는 힘들 것입니다. 아무쪼록 농어민과 지역발전을 위해서 좋은 성과를 기대하겠습니다.

 세상보기

2) 현대차가 9월 1일부터 주 5일 근무를 실시키로 노조 측과 합의한 가운데 지역중소기업들에게 적잖은 부작용이 예상되고 있다면서요?

☞ 대기업을 중심으로 주 5일 근무제가 도입되면 어떤 형태로든 지역 내 제조업체에 상당한 부작용과 함께 악영향을 미칠 것입니다.

특히 중소기업이 문제입니다. 그래서 각 업체들은 인건비를 조금이라도 줄이기 위해서 인력구조조정을 검토하고 있고, 해외로의 공장을 이전하거나 심지어는 업종전환도 생각하고 있다고 합니다.

하남산단에 한 업체 관계자의 말을 들어 보면 "주 5일 근무가 도입되면 대기업이야 어떻게든 운영이 가능하겠지만 중소기업들은 이를 감당할 수 없는 처지다."라고 하면서 "각 회사별로 설비자동화와 인력 감축을 통해서, 인건비를 줄여 나가려는 계획이라."고 합니다.

이렇게 대기업 노동자들의 주 5일 근무제가 중소기업에 막대한 영향을 줄 것으로 보입니다. 주 5일제는 대기업간 노사 간의 문제이기도 하지만 국민의 사회적 합의랄지 정서도 중요할 것 같습니다.

중소기업에 활력을 불어넣어 줄 수 있는 특단의 조치가 필요할 것이고, 우리 경제가 발전할 수 있는 쪽으로 주 5일제가 논의되어야 할 것입니다.

3) 광주ㆍ전남지역의 금융기관 대출이 수도권과 영남지역에 비해 부진하다니 어떻게 된 겁니까?

☞ 광주ㆍ전남지역의 도로나 항만 등 사회간접자본(SOC)시설이 낙후돼서, 기업들이 투자를 꺼리고 있는데, 금융기관의 대출도 다

른 지역에 비해서 상대적으로 부진하다는 겁니다.

이것은 우리 지역경제의 상황이 최악이라는 것을 말해 주는 것인데, 민주당 강운태 의원(광주 남구)에 의하면 올 6월 말 현재 금융기관 대출 잔액은 662조 4,000억 원으로서, 지난해 말보다 상반기 중에 8%의 증가율을 기록하고 있습니다. 그렇지만, 호남지역 증가율은 5.5%에 불과해 전국에서 가장 낮은 실적을 기록하고 있습니다. 이것은 경기도 10.8%, 충청 8.9%, 서울 지역이 6.8% 증가한 것과는 비교가 됩니다.

또, 지역 내 예금의 대출비율인 지역별 예대비율의 경우를 보면, 호남은 111.6%에 이른 데 비해 서울 59.8%, 충청 96.0%, 영남 97.5%, 경기 지역이 115.3%를 기록하고 있습니다. 그래서 계속 빈곤이 악순환되고 있는 것입니다. 즉 우리 지역에 산업기반이 취약해서 금융기관 대출이 상대적으로 적고, 또 대출이 적으니까, 투자가 적고, 투자가 적으니까, 생산이나 소득이 증가하지 않고, 그래서 다시 산업기반을 조성하기가 힘든 상황이 되풀이되고 있는 것입니다.

국가적 차원에서 뭔가 대책이 필요하고, 지자체차원에서도 계속적으로 사회간접자본을 늘려 가야 할 것입니다.

4) 올해는 추석이 빨라지면서 제수용 과일이 크게 오를 전망이라면서요?

☞ 전남도 농업기술원에 의하면 올해는 유난히 장마가 길어서 일조량이 부족하고 과일작황도 아직 부진한데다가 추석도 예년에 비해 20여 일 이상 빨라서 제수용 과일 공급이 크게 부족할 것이라고 합니다.

세상보기

일조 시간을 보면 지난 5월부터 최근까지 392시간인데 이것은 예년보다 200여 시간 부족하다는 것입니다.

더구나 과일이 제대로 크지 않는데다 병충해까지 극성인데 배의 경우는 검은별 무늬병, 포도는 노균병, 복숭아는 탄저병 때문에 상품성도 떨어지고, 수확이 제대로 이루어지지 않고 있다는 것입니다.

나주배 농협 관계자에 의하면 "황금과 원황 등 조생종을 제외하곤 중만생종 출하량이 적어서 가격이 예년보다 20~30% 이상 오를 것으로 예상"하고 있습니다.

소비자들은 높은 가격 때문에 불만이 높을 것 같고, 과수 농가들은 농가대로 한숨만 늘어 갈 것 같습니다. 또 추석 이후에 과일이 집중적으로 나오게 되면, 과일가격 폭락도 나타날 우려도 있는데, 농가들의 피해가 있지 않도록 하는 대책도 필요할 것 같습니다.

(2003.08.15. 방송)

24. 비정규직 노동자 사망사고

1) 전국운송노조 화물연대가 어제부터 총파업에 돌입해 광양항 컨테이너부두기 마비되고 지역 시멘트 업체들도 시멘트 공급에 자질을 빚어 건설 대란이 우려되고 있는데 상황이 어떻습니까?

☞ 화물연대는 이번 총파업 이유를 "벌크 시멘트 트레일러(BCT) 운송사 대표들에게 돌리고 있는데, 이들이 무성의한 태도를 보여서 총파업에 돌입하게 됐다."고 밝히고 있습니다. 그래서 이 파업에

전체 조합원 3만여 명을 참여시킨다는 것인데, 광양에서도 광주, 전남·북지부 2,000여 명의 조합원 가운데 1,600여 명이 총파업에 동참, '제2의 물류 대란' 조짐을 보이고 있습니다.

여수도 100여 명이 총파업 결의대회를 갖고 파업강도를 점차 높이고 있다고 합니다. 그래서 광양항 컨테이너부두의 물동량이 급감하고 일부 화물터미널 장치장이 수용한계에 달하는 등 물류 운송에 큰 차질이 빚어지고 있다는 것입니다(광주일보).

지역경제의 파장도 많은데 북미와 유럽 지역으로 타이어를 수출하고 있는 금호타이어의 경우 수출물량이 컨테이너 야적장으로 운송되지 못해 적기수출에 지장을 받고 있습니다.

화물연대가 지난 5월에도 파업을 해서, 3개월 만에 또 파업에 들어갔는데, 지난번 파업에서도 많은 부분을 얻어 냈음에도 불구하고 이번에 또 국가 물류망을 마비시킨 것은 문제가 있다고 생각합니다.

특히 비가 많이 와서 건설공사들이 상당히 차질이 있다는 소식이 있는데, 시멘트가 제대로 공급되지 않으면 공사가 지연되고 또 이것이 피해로 연결돼서 정말 어려운 경제를 더욱 어렵게 만들고 있습니다.

2) 광주·전남지역 비정규직 노동자들의 사망사고 등 안전사고가 잇따르면서 비정규직 노동자에 대한 제도적 안전장치가 시급하다는 목소리가 높죠?

☞ 네, 민주노총 광주전남지역본부에 따르면 최근 잇따르고 있는 이 지역 대부분의 산업재해 사망자가 비정규직이라는 것입니다.

예를 들면, 지난 18일 여수산단 남해화학 공장의 협력업체 비정규 건설노동자가 제품공장 분진제거용 집진기 내부에 설치된 백 필터(Bag Filter) 청소작업 중 추락해서 가동 중인 스크류에 두발이 끼어 사망을 했고, LG-칼텍스 정유의 저장탱크 S/D 정비보수 작업을 하던 비정규직 노동자가 질소 가스흡입으로 사망한 사례도 있습니다.

이처럼 비정규직의 안전사고가 빈발하는 것은 근로조건이 매우 열악하기 때문인데 비정규직 노동자 대부분이 3D 업종에 종사하고, 또 대다수 현장이 다단계식의 불법하도급을 하기 때문에 공장의 특성을 충분히 익히지 못하고 작업현장에 들어가서 비정규직 노동자들이 자주 사고가 나는 것입니다.

여수건설노동자 200명을 대상으로 한 진찰결과에 의하면, 노동자의 65%가 다양한 직업성 질환이 의심이 된다는 통계도 있습니다. 이렇게 비정규직 노동자들이 인권의 사각지대에 놓여 있는데 대기업 노동자의 임금수준 향상과 더불어, 비정규 근로자들의 권리도 보호받는 장치가 필요하다고 생각합니다. 노동현장에서 임금, 작업환경, 근로조건 등에서 자행되는 차별을 시정할 수 있는 제도적인 장치가 미련되이야 할 것입니다.

3) 수시모집이 끝나면서 이들 합격 학생들을 대상으로 한 교육관리 프로그램이 필요하다는 지적이 있죠?

☞ 2004학년도 대입수시 1학기 모집에 합격하고 이미 등록까지 마친 학생들이 고등학교 졸업을 6개월이나 남겨 놓았지만 사실상

다른 학생들과 비슷한 생활을 하고 있습니다.

곧 개학을 하지만 남은 2학기 수업은 수학능력시험과도 전혀 무관하기 때문에 2학기 내내 정규수업만 듣고 다른 친구들이 야간 자율학습을 하는 사이 홀로 귀가해야 한다고 합니다.

22일 등록을 하는 한 여고생은 공부하는 친구들 속에 놀고 있자니 미안하고 억지로 수업시간을 때우자니 지루한 시간의 연속이라고 하소연합니다.

외국어 학원에 등록을 하고 아르바이트 자리를 여기저기 알아보고 있지만, 아직은 고등학생 신분이라 적극적으로 나서지 못하고 있다는 실정이라고 합니다.

이같이 대학에 합격한 학생은 1,000여 명 이상이 될 것으로 추산되고 있습니다.

정말 행복한 고민을 하고 있는 학생들이지만 학교프로그램이 대부분의 학생들을 중심으로 운영되고 있는 것도 문제인 것 같습니다. 미리 대학에 합격하고 등록까지 마친, 일부 수시합격자들을 위한 교육프로그램이 학교 또는 교육청 차원에서 다양한 프로그램이 마련되어야 할 것입니다. 그리고 연수나 교육 프로그램도 좋지만, 봉사프로그램도 개발하는 방법도 좋을 듯싶습니다.

(2003.08.22. 방송)

25. 중·고교매점 수의계약하나?

1) 문화관광부가 광주문화수도 육성을 위해 정부예산에 70여 억 원을 반영해 주도록 기획예산처에 요청했다는 소식부터 전해 주시죠?

☞ 문화관광부가 70억여 원을 내년도 예산에 반영해 주도록 요청한 것으로 알려졌습니다. 이것은 문화수도 기획단 구성 및 운영 그리고 복합문화센터 실시설계 용역비 등의 명목이라고 합니다.

문광부는 이와 함께 광주문화수도의 핵심시설인 복합문화센터의 기능과 시설 등 기본 골격이 담긴 정부기본구상안을 늦어도 다음 달 초까지는 발표한다는 계획이라고 합니다(무등일보).

이것은 노무현 대통령 또는 이창동 문광부장관이 광주에서 직접 발표할 거라고 합니다.

한편, 박광태 광주시장은 간부회의에서, 광주복합문화센터는 일반의 예상을 훨씬 뛰어넘는 대규모가 될 것이라고 했다고 합니다.

앞으로 예산처리 문제는 앞으로 그 추이를 지켜봐야 할 것입니다.

문화수도와 관련해서는 시민 단체와 계속적으로 협의하고, 시민들의 의견이 수렴되는 절차를 마련해야 할 것입니다. 그리고 문화수도 건설을 위한 기본구상안들을 본격적으로 마련하는 등 준비 작업들이 필요할 것으로 생각됩니다.

2) 지금도 전남지역 교사 수급난이 심각한 가운데 오는 10월부터는 응시자격 제한이 폐지될 예정이어서 이에 따른 대책이 필요하다는 소리가 높아지고 있죠?

☞ 그렇습니다. 초·중·고등학교 모두 교사난에 허덕이고 있는 현실에서, 타 지역 유출도 매년 늘고 있는 전남의 경우에 응시자격 제한 폐지로 가장 큰 타격이 예상될 것으로 보입니다.

도교육청은 아직까지 뚜렷한 대책을 세우지 못하고 있습니다.

도교육청에 따르면, 전남의 경우 초등 286명, 중학교 88명, 고등학교 96명 등 모두 452명의 교사가 부족해서, 기간제 교사로 충당하고 있다고 합니다.

이 같은 교사부족 현상은 2004년 386명, 2005년 265명, 2006년 346명 등 더욱 심화될 것으로 예상된다고 합니다.

하지만 도교육청은 아직까지 이 문제의 대책논의를 위한 아무런 특별기구도 구성하지 않고 있고, 공식적인 대책회의조차 갖지 않고 안이하게 대응하고 있다고 합니다(전남일보).

농어촌이 많은 전라남도 지역은 다른 지역에 비하여 교육 여건도 그렇게 좋지 않은 편인데 교사마저도 다른 지역으로 빠져나간다면, 아주 큰일입니다.

붕괴위기에 처한 농어촌 학교를 위한 특별대책이 마련되어야 할 것으로 생각됩니다. 또 초등교원 양성체제를 다양화하고 중등교사 자격 소지자를 정규교과 전담교사로 임용하는 등 다각적인 대책이 강구되어야 할 것입니다.

세상보기

3) 광주 중고등학교 내에 있는 매점이 대부분 수의계약으로 이뤄져 문제가 되고 있죠?

☞ 네, 학교와 업자 간 유착의혹이 제기됐습니다.

광주시교육위원회 임시회에서 질문한 윤봉근 위원에 따르면, "광주시내 공립학교 16개 중 8개교와 사립학교 41개교 중 40개교가 수의계약으로 매점을 임대하고 있다."고 합니다. 그렇지만 수익 면에서는 보면 공개입찰학교의 3분의1 수준에 불과하다는 것입니다. 그래서 학교와 업자 간 유착 또는 특혜 의혹이 있다는 겁니다.

예를 들면 공립인 한 고등학교는 공개입찰로 48평을 임대해 주고 연간 1,800만 원의 수익을 올리고 있는데, 또 다른 공립 고등학교는 수의계약으로 두 배의 면적(72평)을 임대해 주면서도 연간 300여만 원밖에 수익을 올리지 못하고 있다는 겁니다.

이렇게 수의계약의 경우 수익이 적은데 사립학교의 경우는 41개교(중학교 10개 고등학교 31개교) 중에서 40개 학교(97.5%)가 수의계약을 해서 임대 수입도 적고, 또 특정업자와 재단이나 학교 간의 유착의혹이 있습니다. 그래서 학교 매점의 운용방식이 수의계약으로 운영되고 있는 미비점을 제도적으로 보완할 필요가 있다고 생각합니다. 교육청이 매점의 임대형식뿐만이 아니라, 학교 매점에서 팔고 있는 각종 식품에 대한 부분도 감독을 해서 학생들이 불량식품이나 상한 제품이 판매되지 않도록 해야 할 것입니다.

4) 최근 광주시 광산구의회 의원들이 도덕성 논란이 일고 있는 동료 의원을 제명해 문제가 되고 있다면서요?

☞ 광산구의회는 지난 23일 임시회를 열어서 제명을 결정했는데 전체 15명 의원 중 14명이 참가해 12명이 찬성(기권1, 무효1)함으로써 김 모 의원이 의원직을 상실했습니다.

이에 앞서 김 의원은 지난 18일 광산구 홈페이지에 한 네티즌으로부터 의원들의 해외연수에 대한 견해를 묻는 질문을 받고 글을 올렸는데, 이 글을 보면 "중국에 가면 택시기사를 통해 2만 원에 한족 여성을 소개받을 수 있다는 회유까지 받았지만 연수 대신 중국 관련 서적 3권을 읽기로 했다."는 내용입니다.

지역 주민들은 일부 의원들의 잘못된 해외연수 관행을 지적한 의원을 동료의원들이 집단 따돌림 형태로 제명까지 이르게 한 것은 도덕성을 저버린 행위라는 반응입니다. 해당 지역구 주민들의 뜻을 묻지 않은 채, 의원을 제명한 것은 주권 침해 여지가 있다는 겁니다.

이렇게 지역구 주민대표인 구의원을 주민의사와 관계없이, 제명시킨 것은 문제가 있습니다. 이번 기회에 말썽 많은 지방의회 의원들의 해외연수 행태와 내용에 대해서도 검토하는 계기가 되어야 할 것입니다.

5) 광주 신양파크호텔이 서울업체에 팔렸다면서요?

☞ 법원의 파선선고를 받고 경매절차에 들어간 광주 신양파크호텔이 매각됐는데 서울에 소재한 (주)서림 인더스트리가 낙찰을 받

세상보기

았다고 광주지법이 밝혔습니다.

신양파크호텔은 지난 4월 18일 최초 감정가 160억 9,000만 원에 경매를 시작해서 그동안 계속된 유찰을 거듭한 끝에 66억 5,100만 원에 5차 경매를 실시한 건데, 이것은 감정가의 40% 정도 됩니다.

호텔을 낙찰받은 업체는 건설관계 업종인 것으로 알려지고 있는데 앞으로 호텔경영에 대한 구체적인 내용은 파악되지 않고 있지만, 지역의 관광자원이 부족한 현실에서 호텔경영은 어떤 업체가 맡아서 하더라도 크게 개선될 것 같지는 않을 것으로 보입니다.

외지 사람들이 광주에 와서 그냥 가 버리는 것보다는, 머물고 가는 전략을 광주시 차원에서 마련해야 할 것이고 호텔자체의 서비스나 시설도 개선되어야 할 것입니다.

(2003.08.26. 방송)

26. 농산물 흉작, 농촌이 죽어 간다

1) 어제 민주당과 한나라당 등 신주류와 구주류의 갈등을 지역민들은 어떻게 보고 있습니까?

☞ 정치권이 정쟁에만 몰두하고, 민생문제는 거들떠보지도 않아서 이를 비판하는 시민들의 목소리가 많습니다.

노무현 정부는 광주·전남 지역주민들의 전폭적인 지지를 받아서 출발했지만, 지금은 정치가 실종된 상태라는 것입니다. 집권여당인 민주당이 주도권 다툼으로, 정작 해야 할 일들을 포기하고 있습니다.

특히 28일에 벌어진 행태는 이마를 찌푸리게 만들고 있는데 정치인이 지켜야 할 최소한의 품위를 저버리고 있는 모습, 입에 담지 못할 막말과 욕설, 멱살잡이가 뒤섞인 민주당 당무회의 모습은 시민들을 실망시키고 있습니다.

한 시민은, 노무현 정부가 들어설 때 서민들은 큰 희망을 걸었지만, 지금은 싸움질만 해 대는 민주당을 바라보면 후회와 배신감이 든다는 말을 하고 있습니다.

이렇게 시민들의 정치에 대한 혐오가 하늘을 찌를 듯이 높을 때 경제가 어려울수록 정치지도자들이 꿈과 희망을 불어넣어 주어야 하는데, 오히려 시민들의 조롱거리가 되고 있으니 정말 안타까울 뿐입니다. 내년 총선거에서 쓴맛을 보지 않으려면 지금부터라도 정치인들이 정신을 차려야 할 것입니다.

2) 추석 앞두고 과일·수산물 수입이 증가하는 반면에 국내 농산물은 잇따른 비로 피해가 많아 흉작이 예상된다면서요?

☞ 올 추석은 예년보다 빠른데다가, 그동안 잦은 장맛비로 과일 맛이 떨어졌습니다. 그래서 과일 수입이 크게 늘어나서 농가에 피해가 우려된다는 것입니다.

광주전남발전연구원 조창완 연구위원에 의하면, 추석이 예년보다 빠른데다가, 수입 농산물이 크게 늘어서, 대대적으로 방출될 것이라 합니다. 특히 수산물 수입이 심각하다고 합니다.

세관에 따르면, 과일 수입은 지난 2002년에는 전년대비 16.7% 증가했고, 올해는 7월까지 약 2억 2,000만 달러가 수입돼서 전년 동기대비 23.7%가 늘었다고 합니다. 수입 과일은 오렌지, 바나나, 키위, 파인애플, 망고, 버찌, 레몬 등 열대성 과일이 주류를 이뤘고, 또 국내에서 많이 생산되는 감, 딸기, 살구, 자두 등도 의외로 수입을 많이 해서, 중국을 비롯한, 미국, 터키 등으로부터 약 500만 달러나 수입됐다고 합니다. 그래서 국가적인 차원에서 몇 개 품목의 생산량을 조절하고, 또 고소득 과종을 개발해서 집중적으로 투자하면, 승부도 있을 것 같습니다. 정부와 지방자치 단체에서 어려운 농어촌을 살릴 수 있는 방안들이 모색되어야 할 것입니다.

3) 추석이 다가오고 있지만 추석경기가 좀처럼 되살아나지 않고 있다면서요?

☞ 재래시장은 물론 백화점·할인점 등 유통업체에서도 명절분위기를 찾아볼 수 없습니다. 그리고 중소업체들도 고질적인 자금난과 판매난을 호소하고 있습니다.

양동시장에서 어물전을 하고 있는 한 상인은, 양동에서 명절이 사라진 지는 오래고, 추석이라고 해 봤자 2~3일 반짝하는 정도인데, 올해는 모두들 어렵다고 해서 물건을 얼마나 들여놔야 할지 모르겠다고 걱정하는 목소리를 내고 있습니다.

한 백화점업계 관계자도 "경기불황을 고려해서, 중저가 상품이나 소포장단위 상품에 초점을 맞춘 '실속 쇼핑'으로 고객 붙들기에 안간힘을 쓰고 있다."는 하소연도 합니다.

원래 돈이 돌고 돌아야 경제가 살아나는 법인데 이렇게 체불이 늘고 장사가 안 되는 것은 더욱 경기를 나쁘게 할 것입니다. 어려운 경기 속에서 어느 정도의 소비가 이루어져야 생산이 이루어지고 이것은 다시 저축과 소비로 이어질 것입니다. 우리 모두 조그마한 힘을 모아서 지역상품들을 하나라도 사 주는 것이 어떨까 생각합니다.

4) 광주 인적자원의 경쟁력이 취약한 것으로 나타났다면서요?

☞ 광주시교육청과 광주시, 광주지방노동청, 지역대학 등 14개 기관·단체가 참여해 마련한 광주인적자원개발기본계획(안)에 따르면, 지난해 광주지역 고등교육기관의 학생 수와 교원 수는 14만

5,000여 명으로 거주인구의 10% 이상 있지만, 대학원과 같은 고급 인력 양성체계는 전국 대비 3.6%에 불과합니다. 그래서 지식기반 사업 지원에 어려움이 큰 것으로 나타났다고 합니다.

과학기술의 인적 기반이라고 할 수 있는 이공계열 학생과 교수 분포도 전국의 하위수준이라는 것입니다.

광주시의 이공계열 재학생 수는 전국 81만 813명 가운데 학생 수의 4.7%(3,339명), 10번째입니다.

이것은 지방분권과 인재양성측면에서도 아주 심각한 문제이며, 우리 지역에 맞는 지역인프라가 구축될 수 있도록 지역사회와 대학, 기업체, 지방자치 단체와 정부가 모두 나서서, 인재를 양성해야 할 것입니다. 또 양성된 인재들이 이 지역에서 활동할 수 있는 여러 여건들도 갖추어져야 할 것입니다.

5) 광주 광산업 발전이 차질이 우려되고 있다면서요?

☞ 기획예산처가 광주 광산업을 독자적으로 국비지원 예산을 반영하지 않고, 다른 지역의 특화사업으로 묶어서 특별회계로 지원할 움직임을 보여서, 광산업 사업추진에 차질이 우려되고 있다는 겁니다.

광주시에 따르면, 기획예산처는 최근 입법 추진 중인 국가균형발선특별법 안에 광주 광산업과 부산 신발업, 대구 섬유업, 경남 기계업을 4개 지역 특화사업으로 묶어 특별회계로 지원하는 방안을 검토 중이라고 합니다.

만일 광주 광산업이 특별법에 따라 타 지역 특화산업과 연계될 경우에는, 현재 정부가 진행 중인 내년도 예산안 편성에서 빠지게 된다는 겁니다.

왜냐하면 특별법안을 마련하고, 이것이 통과되기까지는 시간이 걸리기 때문입니다.

그래서 광산업 활성화가 지금 시급하기 때문에, 다른 지역 특화 산업과 분리해서 내년도 광산업 2단계 소요사업비를 단계적으로 지원해야 한다는 겁니다.

예산당국과 국회예산 심의과정에서 이런 광산업의 특수한 면이 고려되어야 할 것입니다. 그리고 광주시에서도 이처럼 중요한 예산 문제를 직접 예산당국과 해당 상임위 국회의원들에게 알리는 적극 적인 노력을 해야 할 것입니다.

(2003.08.29. 방송)

27. 신호위반, 무인카메라가 능사인가?

1) 현대비자금 사건을 수사 중인 대검 중수부가 오늘 국회 산업자원위 원장을 지낸 박광태 광주시장을 내주 중 소환조사할 방침이라고 밝 혔죠?

☞ 네, 박 시장은 2000년 국회 산업자원위원장을 맡을 당시에, 현대 측으로부터 "잘 도와 달라"는 취지의 청탁과 함께 수천만 원 을 수수한 혐의를 받고 있는 것으로 전해졌습니다.

검찰은 지금 일본에 출장 중인 박 시장이 20일 귀국하면 공식적 으로 소환을 통보할 예정이라는 겁니다. 그래서 직무와 관련해 현

세상보기

대 측으로부터 금품을 수수한 혐의가 입증되면 뇌물 혐의로 사법
처리를 할 방침이라고 합니다.

검찰 조사결과를 지켜봐야 알겠지만, 박광태 광주시장의 검찰소
환예정 소식은 반갑지 않은 소식입니다. 박 시장 본인은 뇌물 수수
혐의를 부인했으니까, 검찰수사에서 진실이 밝혀졌으면 좋겠습니다.

2) 그동안 공석 중이던 전라남도 정무부지사에 오현섭 전남도 행정부
지사가 내정되었죠?

☞ 오 행정 부지사가 조만간 명예퇴직한 뒤에 정무부지사로 옮
겨 갈 예정이라고 합니다. "빠르면 다음 주 중, 늦어도 이달 안에
는 인사가 단행될 것"이라고 합니다. 오 부지사는 앞으로 고향인
여수와 고교 출신지 순천에서 국회의원이나 자치 단체장 출마를
고려하고 있는 것으로 알려지고 있습니다.

한편, 전라남도는 표준정원제 시행으로 신설되는 5급 8명, 6급
20명 등 총 51명에 대한 인사도 다음 달 초께 단행할 예정이어서
중하위직들의 인사적체도 상당부분 해소될 전망입니다. 또 연말께
로 예정된 광양만권 경제자유구역관리청이 신설되면 국장급 2자리
와 과장급 4~5자리 등 50~60명에 대한 신규 인사요인이 발생하
게 된다는 겁니다.

그래서 공무원 인사적체가 해소된다는 것은 반가운 일이고 공무
원 조직에 새로운 바람을 불어넣을 수 있는 좋은 기회가 될 것 같
습니다.

다만, 인사에 따른 잡음이 발생되지 않기를 기대합니다.

3) WTO 농업협상과 관련해 이경해 씨가 자살하면서 국내 농업에 대
   한 위기감이 고조되고 있죠?

☞ 광주 · 전남지역 농민 단체들이 잇따라 추모집회를 갖고 있습
니다.

농권 수호차원의 대대적인 집단행동이 예고되어 있습니다.

광주 · 전남지역 농민연대와 광주 · 전남 민중연대는 18일 성명서
를 발표했는데 "정부는 자국 농민이 할복자살을 했는데도, 강대국
들의 눈치만 살피고 있다."며 "우리 농업과 농민의 희생을 강요하
는 내용으로 가득하다."고 주장했습니다. 그래서 지역별 집회와 전
국적인 대규모 농민대회 등 강경 투쟁에 들어갈 것이라고 합니다.

앞으로 농정 개방 요구는 계속 거세질 것으로 보아 이런 상황에
서 정부는 협상전략이나 장기적인 안목에서 우리 농촌을 살릴 수
있는 방법들을 모색해야 할 것입니다. 더불어서, 경제적으로 심각
한 어려움에 처해 있는 농민들이나, 노인인구가 많은 농촌의 복지
문제에 대해서도 대책을 강구해야 할 것입니다.

4) 광주 주요 교차로에 신호위반 무인카메라 설치되고 있다면서요?

☞ 전남지방경찰청은 광주시내 주요 교차로 19곳에 10월 말 가
동을 목표로 신호위반 단속을 위한 무인카메라를 설치 중이고, 올
해 말까지 전남지역으로 설치구역을 확대해서 모두 37대를 설치할
계획이라고 합니다(무등일보).

단속기준은 신호등이 황색불일 때 교차로 정지선을 넘는 차량을
대상으로 하고, 위반차량은 카메라에 적발된 경우 벌점 15점과 함

께 범칙금 6만 원이 부과됩니다.

사실 경찰의 신호위반 무인단속카메라 운영을 앞두고, 시민들 사이에 논란이 있습니다.

한 회사원은 "신호위반 단속 카메라를 처음 발견하고 놀라 갑자기 멈추는 바람에 사고가 날 뻔했다."면서, "교통질서를 확립하는 것은 좋지만, 스스로 지킬 수 있도록 여건을 만들어 가는 것이 중요하다."고 말하기도 했습니다.

그래서 운전자들은 신호위반 단속카메라가 무서워서 신호를 지키는 자세보다는, 단속카메라나 경찰이 없더라도 신호를 지키려는 마음자세가 중요할 것 같습니다.

그리고 경찰도 단속카메라를 설치하는 데 급급하기보다는, 시민들을 상대로 한 교육이나 적절한 계도가 앞서야 할 것으로 생각됩니다.

5) 오죽하면 카메라를 설치할까 생각도 듭니다만, 최근 몰카로 인해 왠지 모든 것을 감시당하고 있는 것 같아 개운치가 않군요?

☞ 최근 등장한 카메라 폰까지 사회 곳곳에 설치되어 있습니다.

아파트 지하주차장과 엘리베이터를 비롯해서, PC게임방과 이발소, 찜질방, 대형할인매장 등에 감시 카메라를 설치되고 있는데, 이에 대한 찬·반 공방이 뜨겁습니다.

특히 공공기관은 물론 개인들도 범죄 예방을 이유로 폐쇄회로를 앞다투어 설치하고, 고성능 감시 장비까지 등장하면서 사생활 침해 논란이 강하게 제기되고 있습니다.

반면에 감시 카메라 설치가 필요하다는 주민들도 있습니다.

주차시비가 잇따르고, 이와 관련된 차량 훼손도 잦아지기 때문인데 범죄 예방과 효율적 교통행정을 위해서 감시 카메라의 설치가 필요하다는 것입니다.

정말 요즘에는 모든 상가에 몰래카메라가 설치돼 있어서, 누군가가 자신의 모습을 살펴보고 있다고 생각하니까, 조심해야 한다는 생각이 앞서고 세상이 좀 삭막해지고 있다는 느낌이 듭니다.

몰래카메라가 없어도 서로 믿고 사는 사회가 되었으면 좋겠고, 보다 중요한 것은 인권차원에서 인권침해가 되지 않도록 당국에서, 적절한 방안들이 마련돼야 할 것입니다.

(2003.09.19. 방송)

28. 지역경제 비상이다

1) 환율하락에 고유가 쇼크까지 지역산업계에 비상이 걸렸죠?

☞ 그렇습니다. 국제유가가 급등하면서 원유의존도가 큰 지역산업계에 비상이 걸렸습니다.

업종별로 오히려 국제유가 상승이 호재로 작용하는 곳도 있고 그렇지 않은 곳도 있습니다.

특히 석유를 많이 소비하는 업종인 항공과 유화업계가 국제유가 상승으로 채산성이 악화되지나 않을까 우려하고 있습니다.

그렇지만 LG칼텍스정유 등 정유업계는 환율하락에 이은 국제유

 세상보기

가 상승이 호재로 작용하고 있는데 원유도입에 따른 달러화 부채가 많기 때문에 환율이 하락할 경우 환차익을 챙길 수 있습니다. 또 국제유가가 오르면 그만큼 석유제품가도 올라 채산성이 좋아지기 때문이라고 합니다(광주일보).

이와는 반대로 아시아나항공은 유가 급등사태가 장기화될 경우 경영수지에 영향을 줄 수 있다고 판단하고 있습니다. 또한 기아차 광주공장도 고유가 사태가 장기화될 경우 차량소비가 줄어들 것을 우려하고 있습니다.

한편 한국은행 발표를 보면(환율하락이 지역경제에 미치는 영향), 원달러 환율 하락으로 지역 중소수출기업들의 경쟁력과 채산성이 크게 악화될 것이라고 밝히고 있습니다.

일단 고유가 시대가 열리면, 긍정적인 효과보다는 부정적인 영향이 커서 우리 경제에 더욱 주름살을 만들 것 같은데 아무쪼록 고유가에 대비한 국가차원의 전략적인 대응이 있어야 할 것입니다.

2) 광주시립치매병원이 부실시공으로 문제가 되고 있죠?

☞ 수십억 원을 들여 지은 지 1년 남짓밖에 안 된 '광주시립인광치매요양병원'이 공사부실로 말썽을 빚고 있습니다.

광산구 삼거동 광주시립인광치매요양병원(연면적 5천940㎡) 내 1층 가족면회실, 물리치료실, 다목적강당 천장누수, 2층 중환자실 창틀부문과 세탁실 천장부문 누수, 3층 벽면창틀부와 천장 누수 등 모두 14곳에서 누수가 발생했다고 합니다.

1층의 경우에는 지난달 빗물이 새 천장에 구멍(직경 40~90cm가량)이 뚫렸고, 천장 위로 연결된 배수관이 그대로 드러난 상태라고 합니다. 또 4층에 위치한 '환자 집중관리실(43.79㎡)'도 3주 전 내린 비로 천장이 붕괴돼서, 병원 측에서 사용을 금지시키고 있다고 합니다(전남일보).

이 병원에는 사실 굉장히 많은 돈을 쏟아부었습니다. 국비 31억과 시비 20억 등 모두 72억의 예산을 들여 광주시가 발주하고 M건설이 시공한 것인데, 지난해 4월 개원했지만 1년 만에 이런 현상이 일어났습니다.

시는 옥상에 화단을 조성하는 과정에서 일부 방수처리가 안 돼서 빗물이 들어온 것으로 보고 있습니다. 그래서 수십억 원을 들여 건립한 병원에 대한 부실시공 의혹이 있습니다. 결국 시민들의 혈세만 낭비된 셈입니다. 부실시공원인을 철저히 가려서 그 책임자를 문책하고, 그 대안도 철저하게 마련해야 할 것입니다.

3) 광역자치 단체로는 전국에서 처음으로 주민 발의로 제정된 전남도 학교급식 조례 시행이 행자부의 재의요구로 불투명해졌죠?

☞ 그렇습니다. 지난 5일 도의회를 통과한 "학교급식 식재료 사용 및 지원에 관한 조례안"에 대해서 행자부가 재의요구 결정을 내렸는데 재의요구는 강제규정입니다.

그동안 이 조례 제정과 관련해 WTO규정 위반과 상위법 저촉 여부에 논란이 있어서, 관련 주무부처인 행자부를 비롯해서, 외교통상부와 농림부 등이 심사를 했습니다. 행자부의 주장을 보면, 재의요구서에서 학교급식은 교육과 학예에 관한 사무로 도지사의 권한 밖이며 학교급식법 등 상위법에 저촉된다는 것입니다.

그러나 이 조례안을 심사한 외교통상부와 농림부는 좀 다른 의견입니다.

즉 'WTO(세계무역기구) 협정 저촉성 여부' 등을 검토한 결과, 조례안이 '국내산 농산물'이 아닌 '우수 농산물'로 수정돼 WTO 규정과는 무관하다고 답한 것으로 알려져 있습니다. 아무래도 행자부의 제동이 다소 무리가 아니냐는 지적이 있습니다.

행자부가 문제 국산농산물을 학교급식에 우선 사용하도록 하는 것을 문제로 삼고 있는데 도의회의 대처가 주목됩니다. 국가와 학부모 지방자치 단체 농민 등 여러 가지 여건과 상황을 종합적으로 검토해서 현명한 판단을 내리길 기대합니다.

4) 경기침체 장기화 등의 영향으로 광주·전남 지역에서 실업급여를 부정하게 받은 사람이 크게 늘고 있다면서요?

☞ 노동부와 광주종합고용안정센터에 따르면 올 7월 말까지 광주·전남 지역의 실업급여 부정 수급자 적발건수는 모두 153건이나 된다고 합니다. 이것은 지난해 같은 기간의 139건에 비해 10% 늘었으며 이들은 모두 1억 9,200만 원의 실업급여를 받아 챙겼다고 합니다. 이렇게 실업급여 부정 수급자가 급증하고 있는 것은 경기침체가 장기화되고 있기 때문입니다.

노동부는 이런 부정수급자들에게 부정수급액의 2배가량을 반환토록 조치했는데, 현재까지 모두 8,500만 원을 환수하는 데 그쳤다고 합니다.

실업급여를 부정으로 수급 받게 된다면, 결국 실직자를 도우려는 국가의 고용정책이 차질을 빚을 수도 있고 실직자가 재취업을 위한 직업훈련을 하거나 최근 문제된 청년실업문제도 해결할 수가 없을 것입니다.

또 부정수급자를 철저히 가려서 부정하게 받은 급여를 환급받고, 또 부정수급자가 나오지 않도록, 이를 부정수급자를 감시하는 시스템이 정착되어야 할 것입니다.

5) 올 쌀 생산량 10년 만에 최저치를 기록할 전망이라면서요?

☞ 네, 올해 전남지역 쌀 생산량이 냉해, 태풍, 일조량 부족 등에 따른 작황부진합니다. 특히 올해에는 기상 이변에다 태풍 '매미'까지 겹쳤고 미질이 저하되어서, 올 추곡수매 시 일등품 선정 비율이 아주 낮아질 것 같습니다. 때문에 농가가 치명적인 타격을 입지 않을까 우려가 됩니다.

농림부에 따르면, 올 전남지역 쌀 생산량은 지난해보다 5% 정도 감소한 590여 만 석에 그칠 것으로 전망되고 있습니다. 이것은 지난 93년의 566만 석에 이어 10년 만에 가장 낮고, 또 생산량이 가장 많았던 97년의 754만 석에 비해서도 무려 160여 만 석이나 감소된 것입니다.

농업개방 압력으로 지금도 농촌이 어려운데다가 이렇게 수확량마저 떨어진 상태에서 정말 걱정이 아닐 수 없습니다. 생계가 어려운 농민들을 위한 복지대책과 지원대책이 적극적으로 마련되어야 하고, 생산량증가 대책과 함께 품질 좋은 쌀을 생산할 수 있는 대

라디오
세상보기

책도 아울러 마련되어야 할 것으로 봅니다.

(2003.09.26. 방송)

29. 지방대학도 죽어 간다

1) 광주·전남 지역 국립대학들이 한 명의 총장 아래 5명의 캠퍼스별 총장을 두는 연합시스템 방안을 구상 중이라면서요?

☞ 광주·전남 지역 국립대학 연합대학체제 구축을 위한 실무위원회(위원장 김현태 전남대 기획협력처장)가 어제(2일) 제5차 실무위원회를 갖고 나온 방안입니다.

이걸 좀 자세히 살펴보면, 각 대학의 공동운영 희망 학과·학부를 선정해 시범적으로 운영하고, 정보전산원과 도서관, 기자재 등을 공동으로 운영하고, 문화예술·생명과학기술 등 분야별 공동협력체제도 구축한다는 것입니다. 그리고 내년도 사업계획을 공동으로 작성해서 중앙부처에 올리기로 했다는 소식입니다. 일단은 5개 대학 공동학과(학부) 운영을 희망하는 곳을 공모해서 공동학점제·교수 학생 교환·교과과정 표준화 등을 시범적으로 운영한다고 합니다. 그래서 지방대학이 살길을 모색하느라 분주한데 연합대학 체제 구축에는 필연적으로 학과나 인력구조조정이 수반되기 때문에 또 다른 아픔이 있을 것으로 보입니다. 아무쪼록 연합 체제를 갖춰 경쟁력 있는 대학으로 거듭났으면 합니다.

2) 광주시 국감에서 국회 행정자치위원들이 5·18 행방불명자 문제를 법 개정을 통해 해결하겠다는 입장을 밝혔다면서요?

☞ 국회 행정자치위원들이 광주시 국감에서 의견을 모았습니다. 민주당 김충조 의원은 광주시 국감질의를 통해서, "광주민주화운동 관련자의 법적 제도적 명예회복이 이루어졌지만 아직도 행불자들에 대한 보상이나 명예회복은 이루어지지 않고 있다."면서 행불자에 대한 관심을 표명했습니다. 행불자의 경우 지난 2000년까지 모두 464명이 보상을 신청, 70명만이 보상을 받았는데 심사과정의 공정성과 결정의 신뢰성에 문제를 제기했습니다.

신경식 의원이나 김옥두 의원도 그동안 행불자 보상문제가 불공정하게 이루어졌다는 일부의 시각이 있었다며 보상해 줄 수 있는 길을 열어야 한다는 제안을 했습니다.

그래서 행불자 가족의 억울하고 애타는 심정을 국정감사 현장에서 거론했다는 데에 큰 의의를 가진다고 보고, 이런 국회의원들의 지적이 말로만 그쳐서는 안 되고 구체적인 법률 개정작업이 진행되어야 할 것입니다.

3) 광주시와 전라남도가 경륜장 유치문제로 갈등이 계속되고 있는데요. 연말께면 판가름 날 전망이라면서요?

☞ 광주시와 전남도의 경륜장 유치문제가 연말께 문화관광부의 허가결정으로 최종 판가름 날 전망입니다.

국회 행정자치위원회의 광주시청 감사에서, 박광태 시장은 한나라당 이주영 의원으로부터 경륜장 유치추진과 관련해, 전남도와 경

세상보기

쟁에 따른 지역 갈등, 부작용 문제 등이 있는데, 포기할 의사가 없느냐고 질문을 받았습니다.

이에 대해 "그동안 갈등해소를 위해 노력한 만큼 이제는 문광부의 결정을 수용할 수밖에 없다."고 답변했습니다.

박 시장의 답변을 구체적으로 보면, 경륜장 갈등문제 등은 "95년부터 심도 있게 내부적으로 검토해 오던 중, 월드컵경기장의 활성화, 2007년 전국체전 유치에 따른 공공체육시설 인프라 구축, 지역경제 활성화 등에 크게 기여하리라는 확신을 갖고 추진하게 됐다."면서 "진행과정에서 전남도와 갈등이 증폭된 것으로 비춰져 이를 해소하기 위해 광역행정협의회 실무회의를 개최하는 등 나름대로 노력하고 있다."고 밝혔습니다.

경륜장 유치추진은 전라남도와 광주시 간에 오랫동안 지역 갈등을 유발한 사례인데, 문화관광부가 이것을 허가할 때도, 지역민의 의사가 최우선적으로 반영될 수 있도록 해야 할 것입니다. 그 이외에 지리적 여건이나 여러 상황을 종합적으로 검토해서 신중하게 판단해야 할 것입니다.

4) 자금난을 겪고 있는 중소기업들이 현금결제 비중이 크게 떨어지고 있다면서요?

☞ 중소기업의 판매대금 중 현금결제 비중이 낮아지고 어음결제기일이 늘어나는 등 판매대금 회수가 장기화되면서 중소기업들의 자금난이 더욱 심화되고 있습니다.

중소기업협동조합중앙회 광주·전남지회가 '3·4분기 판매대금

결제상황'을 조사한 자료에 의하면, 판매대금 중 현금결제가 차지하는 비중이 54.8%로, 1·4분기(58.4%)에 비해 3.6% 하락했습니다.

또 대기업과 납품관계가 있는 중소기업의 현금 결제비중은 50.7%로 전체 평균치에 비해 5.8% 낮았고, 어음결제에 대한 총 회수기일도 132.3일(어음수취기일 42.0일, 결제기일 90.3일)로 1·4분기와 비교할 때 7일 정도 증가해서 중소업체들의 자금난을 부추기고 있습니다(무등일보).

그래서 하남산단 내의 한 대표는 "원청업체의 현금결제 비중이 낮아지면서 하청업체와 재하청업체의 자금난이 가중되고 있다."며 "정부기관이 법정기일을 벗어난 결제내용에 대한 관리를 철저히 하는 등 적극적인 대책을 세워야 할 것"이라고 말하기도 했습니다.

경제가 어려울수록 중소기업은 대기업에 비해서 더욱 어려울 텐데 납품 때 현금으로 결재해 줄 수 있도록 관계당국에서 행정지도를 할 필요가 있고, 중소기업을 살릴 수 있는 정책과 자금이 지속적으로 마련되어야 할 것입니다.

5) 정보통신진흥원이 지원하는 정보화촉진기금의 지역편중이 심하다면서요?

☞ 정보통신진흥원이 IT기술의 사업화 및 IT산업 발전을 위해 지원하고 있는 정보화촉진기금이 수도권과 대전지역에 95%가 집중 지원되어 있습니다.

그래서 광주·전남을 비롯한 지방은 1%대의 지원율에도 미치지 못한다는 것입니다.

특히 전남지역은 지난 99년부터 2003년 8월까지 이 기간 동안 전체 금액의 0.02% 지원에 그치는 등 전국에서 가장 낮은 지원율을 보였습니다.

대전지역의 경우 42%, 이어 서울 41.4%, 경기 10.6%가 지원됐지만, 나머지 지역에는 지원 금액 기준으로 전체 지원액의 1%를 넘는 곳이 한 군데도 없었다는 것입니다.

이런 정보화촉진기금과 같은 경우에는 특정지역에 편중되지 않도록 제도적인 장치를 마련해야 할 것이고, 또 1%대의 지원도 못 받는 것은 그만큼 광주·전남의 IT산업이 낙후되어 있다는 것을 단적으로 알 수 있습니다.

정보화촉진이나 정보통신산업의 기반조성 자체가 되어 있지 않다는 것도 알 수 있습니다. 전라남도와 광주시 차원에서도, 특별한 대책이 있어야 할 것입니다.

(2003.10.03. 방송)

30. 버스노선 개편 어렵다

1) 최근 긴설교통부가 광주공항을 '국제공항화'해아 된다는 의견을 제시해 화제가 되고 있죠?

☞ 건설교통부가 이달 초에 광주시에 통보한 '2020년 광주권 광역도시계획'에서 제시된 의견인데, 광주공항의 국제공항화가 요구된다고 합니다.

무안국제공항에 일정한 영향을 받기도 하겠지만, 국내선 기능은 유지하는 것이 타당하다는 것입니다. 또 광주권 광역교통망이 시가지를 관통해서 도심교통의 혼란을 초래하고 있고, 고속도로가 북동부 지역에 치우쳐 서남해안 지역과의 접근성이 낮다고 지적했습니다.

광주공항의 경우에는 입지 여건상 도심과 가까워서 이용하기 편리하다는 장점들이 있는 반면에 도시개발을 제약하고 있고 또 항공노선도 서울과 부산, 제주에 국한되어 있어서 국제공항화가 요구된다는 것인데 특히 2006년 개항예정인 무안국제공항이 있어서 국내선 기능은 유지하는 것이 타당하다는 겁니다.

광주공항은 항공소음문제로 이전해야 한다는 목소리도 높아지고 있는데, 국제공항화해야 한다는 의견이 제시되고 있어서 앞으로 추진과정이 주목됩니다. 다만 공항인근 주민들의 항공소음에 대한 민원을 어떻게 해결해야 할 것인지도 신중히 검토되어야 할 것입니다. 광역 도로망과 광주역 이전 등 장기적인 도시계획으로 광주공항의 국제공화화가 추진되어야 할 것입니다.

2) 광주 시내버스 노선개편이 관련 업계의 반발로 무산될 위기라면서요?

☞ 그렇습니다. 광주 시내버스 노선개편 작업이 업계의 반발에 부딪쳐 당초 24개 간선노선이 31개로 늘어났습니다. 또 노선개편 이후에도 공영배차제가 그대로 유지될 것으로 보여서 시내버스 개혁기조가 흔들리고 있습니다.

특히 연말까지 확정 짓기로 한 간선 및 지선노선, 환승체제지역 등 대대적인 개편작업을 앞두고 있는 시점에서 광주시 시내버스

 세상보기

운송조합 측이 강력히 반발하고 있습니다.

광주시에 따르면, 내년 3월 지하철 개통에 대비해 시가 2억 1,700만 원을 들여 대우엔지니어링 교통연구실에 의뢰한 광주 시내버스 노선개편 용역작업이 최근 버스업계의 강력한 이의가 제기되어서, 당초 중간보고서에 제기한 간선노선이 7개 늘어난 전체 31개 노선으로 검토되고 있습니다.

버스조합 측은 기존의 노선 대부분을 유지하는 52개 간선노선안과 환승체제에 대한 부정적인 의견을 제시하고 있는데 버스조합 측은 우선 내년에 지하철이 개통되면, 승객 감소를 예상합니다.

지하철 개통이 얼마 남지 않았기 때문에 시내버스 노선을 개편하는 것이 불가피할 것 같습니다. 시민들의 불편을 감소하고, 시내 교통이 원활하게 소통되도록, 광주시가 좀 더 적극적으로 나서야 할 것입니다.

3) 그런가 하면 전라남도가 도로공사를 추진하면서 입찰 참가자를 제한해 말썽이 되고 있죠?

☞ 전라남도가 1천억 원대 도로 확포장공사를 턴키(설계·시공 일괄 입찰)방식으로 추진하면서, 원칙 없는 기준으로 입찰 참가자격을 과다하게 제한했다는 지적이 제기돼서, 논란을 빚고 있습니다.

도는 최근 국가지원지방도 (49호선인) 해남 화원 - 영암 삼포 간 11.72㎞의 확포장공사 발주를 조달청에 의뢰했는데 이것은 총 사업비 1,260억 원을 투입해서 도로와 780m의 교량 2개를 건설하는 것입니다(전남일보).

도는 조달의뢰서에서 이 공사의 Ｇ２Ｂ (국가전자조달시스템) 입찰참가 자격을 "최근 10년 이내 최대 경간 (徑間·교각 사이의 거리) 80m 이상, 연장 630m 이상 하천 또는 해상교량 시공 실적이 있는 업체"로 제한해 줄 것을 조달청에 요구했습니다.

그렇지만 이것을 충족시킬 수 있는 업체는 전국적으로 20여 개 사에 불과하다는 겁니다. 그래서 지역 관련업체들은 "입찰에서 특정업체를 배제시키기 위한 것"이라며 반발하고 있습니다.

입찰에 대한 제한은 최소한에 그쳐야 할 것이고, 입찰에 있어서는 도내 업체들의 상황을 살펴야 할 것입니다. 지역경제가 열악한데, 지역 업체에 입찰참가 자격조차도 주지 않는 것은 검토해 봐야 할 문제라고 생각이 듭니다.

4) 광주시와 전라남도의 경륜장 유치사업에 대해서 시민 단체가 감사원에 특별감사를 청구했죠?

☞ 도박장 반대 광주·전남 공동대책위원회(이하 공대위)는 지난 6일 시·도의 경륜장 사업 타당성 여부와 매출액 및 지방세수 추정 조작 및 왜곡 여부 등에 대한 감사요구서를 <참여자치21> 명의로 감사원에 접수했다고 밝혔습니다.

시가 유치 근거로, 2007년 전국체전 유치를 대비해서 공공체육 인프라를 구축한다는 것을 제시하고 있습니다.

그런데 공대위에 의하면 전국체전은 유치가 확정되지도 않았고, 여론조사결과 시민 72.4%가 경륜장 유치에 반대했다는 점 등을 들어 타당성이 없다고 주장하고 있습니다. 또 시·도가 추산한 경륜장 유치에 따른 매출액과 지방세수 추정은 과학적인 근거가 없거나 왜곡·조작 됐을 가능성이 크다고 지적하고 있습니다.

광주시와 전라남도가 경륜장을 유치하는 데만 혈안이 되어서, 여러 가지 통계를 조작하거나 비과학적인 근거를 제시했다면 시민과 도민을 우롱한 꼴이 될 것입니다. 감사원 감사대상이 될지는 조금 기다려 봐야겠지만, 광주시와 전남도에서는 지금이라도 합리적인 근거를 제시합니다. 단체장이 자신의 업적만을 앞세우기보다는 진정으로 도민과 시민을 위한 것이 무엇인지를 생각해 봐야 할 것입니다.

5) 시중금리가 낮아지면서 지방자치 단체들의 각종 기금운용에 비상이 걸렸다면서요?

☞ 네, 시중 금리가 사상 최저수준으로 떨어지면서 이자수입으로 운영하는 지방자치 단체의 각종 기금운용에 비상이 걸렸습니다.

특히 광주시와 전남도를 비롯한 각 지방자치 단체는 기금운용사업을 지속하기 위해 이자수입 감소분만큼을 국고나 지자체 예산으로 일부 보전하고 있지만, 이것마저도 여의치 않다고 합니다.

광주시에 따르면 시가 관리하는 17개 기금 조성액 632억 900만 원(이하 2002년 말 기준)인데, 이에 대한 이자수입액은 지난 2001년 58억 8,400만 원에서 2002년 37억 4,500만 원으로 줄어들기 시작, 2003년엔 29억 1,000만 원으로 감소했습니다. 그래서 2001년과 올해는 단순히 비교만 해 봐도 거의 절반 정도 줄었습니다. 청소년육성기금, 문화예술진흥기금도 비슷한 감소추세를 보였다고 합니다.

전남도 상황은 마찬가지입니다. 각종 기금을 운영하는데, 안전성

과 함께 일정한 수익성을 확보할 수 있는 방안도 모색되어야 할 것
입니다. 이자수입이 점점 줄어드는 것만 지켜보는 것은 좀 문제가
있고, 관계 법률이 허용되는 한도 내에서 지방자치 단체에서도 적
극적인 활동을 펼쳐야 할 것입니다.

(2003.10.07. 방송)

31. 치료 중인 환자, 종적을 감추다

1) 정부 합동청사 건립과 관련한 공방이 국회까지 이어졌다면서요?

☞ 그렇습니다. 광주시와 전남도가 대립하면서 지역 갈등으로 이어질 것 같고, 국회에서도 쟁점이 되고 있습니다.

이 문제는 행정자치부가 광주지역에 있는 16개 특별행정기관 중 10개 기관의 합동청사를 전남 나주지역에 건립하기 위해 내년도 행자부 예산에 17억 원을 반영한 사실이 알려지면서부터입니다. 당연히 광주시가 반발하면서, 논쟁이 가열되었습니다.

국회 예결위에 출석한 허성관 행정자치부 장관은 이와 관련, "현재 상태는 최종 결정된 것이 아니다."고 분명히 밝혔습니다.

이 같은 언급은 나주가 지역구인 배기운 의원이 "행자부가 흔들리고 있다. 소신대로 해야 한다."는 주장에 대한 답변에서 나왔습니다.

이 문제로 인해 광주·전남이 또다시 분열되어서는 안 될 것입니다.

현재 행정자치부에서 국회에 예산을 올린 상태이기 때문에, 국회에서 심도 있는 논의를 거쳐야 할 것입니다.

행정자치부가 공론화되지도 않은 내용을 예산안부터 올려서 혼란을 가중시키고 있는데 시도 갈등을 오히려 행정자치부가 부추기고 있다는 느낌도 듭니다. 주민들의 의견을 수렴하고 시도민이 참여해서 결정하는 시스템이 마련되어야 할 것이고 이런 혼란을 가중시킨 행정자치부는 정치적인 책임을 져야 할 것입니다.

2) 광주시 문화수도 관련 국고지원이 크게 줄어들 전망이라면서요?

☞ 네, 최근 정부가 대규모 국고지원에 난색을 표시함에 따라서, 사업규모가 당초 계획에 비해 절반 이상 축소될 전망이라고 합니다.

광주시는 문화시범도시 지정과 관련해서(국비와 지방비 포함) 1,460억여 원을 들여 36개 단위사업을 추진한다는 계획이었는데, 이런 계획을 수정해서 17개 단위사업을 취소하고 사업비도 647억여 원 규모로 축소할 것이라고 합니다.

이것은 건설교통부가 국고지원 여부가 불투명한 실정이라며 '재원조달방안을 제시할 것'을 요청한 데 따른 것입니다.

시는 지방비 추가 조달이 현실적으로 어려워서 일부 사업을 연기하거나 취소하는 등 사업 규모를 축소하는 방안을 검토한다고 합니다. 그래서 취소되거나 연기를 검토 중인 사업을 보면 역사문화정비사업, 주거문화정비사업, 광주디지털컨텐츠센터 건립, 동구문화회관 건립 등이라고 합니다.

예산지원이 축소된다면, 광주도심 활성화 사업에도 부정적인 영향을 미칠 것 같은데, 예산 축소로 광주시의 문화수도 관련 의지가 꺾이지 않길 바랍니다.

 라디오
세상보기

3) 치료 중이던 에이즈 감염환자가 종적을 감춰서 문제가 되고 있죠?

☞ 전국적으로 에이즈 감염환자가 하루 평균 1.4명꼴로 늘고 있는 상황입니다.

광주·전남 보건당국에 따르면 지난 1985년 이후 올 9월 말까지 2,045명이 새로 에이즈에 감염됐습니다.

작년(2002년)에는 399명이 감염되었고, 올해 들어서 9월 말까지 398명이 새로 감염됐습니다. 그중에서 광주·전남지역 환자 수는 73명인 것으로 나타났습니다(광주일보).

그런데 광주의 한 대학 병원에서 치료를 받던 환자가 무단이탈해서 환자 관리와 치료 체계가 허술한 것으로 드러났습니다.

실례로 지난 28일 오후 2시 30분에서 3시 사이 한 대학병원에서 입원 중이던 에이즈 환자 장 모 씨(41·광주시 광산구 우산동)가 병원 측의 허락 없이 무단외출한 후에, 종적을 감췄습니다. 이 환자는 병원에서 나갈 당시 환자복 차림에 소변 배출기를 착용하고 있었다고 합니다.

종적을 감춘 사례는 이번이 처음이 아니고, 지난해 6월 여수에서도 있었는데 에이즈 환자인 구 모 씨(29·여)가 여수역 앞 여관에서 1년 6개월간 윤락행위를 한 것으로 드러나서, 5,621명의 시민들이 에이즈 항체검사를 받는 소동을 벌이기도 했습니다.

이것은 허술한 에이즈 환자 관리체계에 치료체계가 문제인 것으로 보여집니다.

에이즈 감염환자들에 대한 사회적 보호시설이나 예산확충이 있어야 할 것이며 환자를 관리할 인력도 충원이 되어야 할 것입니다.

또 경우에 따라서는 강제격리를 할 수 있는 법적 근거도 마련해야
할 것입니다.

4) 전라남도 이윤석 의장이 수천만의 수뢰혐의가 드러났는데도 검찰이 불구속 기소를 결정해서 그 배경에 관심이 쏠리고 있죠?

☞ 네, 광주지검은 공사발주를 미끼로 공사업체 대표로부터 수천
만 원을 받은 이 의장을, 특정범죄가중처벌법상 뇌물수수 혐의로
불구속 기소했습니다.

이 의장이 2002년 11월 18일 자신의 집무실에서 순천 모 건설회
사 대표로부터 "3억 원 상당의 '도의회의장 포괄사업'을 수의계약
해 달라."는 부탁을 받고 현금 3,000만 원을 받았다는 이유입니다.
그렇지만 불구속 기소 결정이 났습니다.

그 이유는 이 의장이 범죄사실을 순순히 자백했고, 검찰 수사 이
전에 금품을 돌려주었습니다. 또, 현직도의회 의장이라는 점을 감
안했다는 겁니다.

우리 지역 지방자치 단체장은 물론, 의회의장까지, 선출직 공직
자의 부정부패 문제가 계속 문제가 되고 있습니다. 이런 와중에 이
의장이 내년 총선 출마를 준비하고 있다고 하는데, 그 귀추가 주목
됩니다.

5) 공공요금이 줄줄이 인상될 전망이라면서요?

☞ 네, 장기불황이 계속되고 있는데, LP가스. 기름 값 등이 인상
된 데 이어, 114안내 요금. 보험료. 담배 값 등 개인서비스요금과

상·하수도료 등 공공요금도 줄줄이 오를 전망입니다.

광주지역에서 판매되는 가정용 LP가스 가격은 20여 일 전에 비해 kg당 17원(2.2%), 휘발유는 ℓ당 10.4원(0.84%), 경유는 ℓ당 6.4원(0.87%), 보일러 등유는 ℓ당 8.4원(1.3%) 올랐고, 오는 11월 1일부터 114 전화번호 안내 서비스의 건당 요금도 오르는데 평일에는 100원에서 120원으로, 주말과 야간에는 100원에서 140원으로 인상예정이라고 합니다.

특히 연말께 광주지역 하수도 요금(20%), 쓰레기봉투 값, 폐기물 반입 수수료 등 공공요금도 일제히 인상될 것이라고 합니다.

서민들의 수입은 줄고, 지출은 더 늘어나게 돼서 걱정입니다.

물론 일정 부분 소비가 돼야 경기회복에 도움이 되겠지만, 서민들과 직접적인 관계가 있는 공공부분만큼은 인상을 자제하거나, 최소화시켜야 할 것입니다.

(2003.10.30. 방송)

32. 정치권, 변해야 산다

1) 어제 민주당과 한나라당 또 열린우린당 또 자민련이 지구당을 폐지하는 데 합의했죠. 파격적이다 생각되는데 어떻습니까?

☞ 그렇습니다. 내년 총선 전에 지구당을 폐지하고, 완전선거공영제를 실시하자는 아주 파격적인 방안에 전격 합의했습니다.

이것은 SK비자금 사태로 촉발된 대선자금에 대한 정치권의 위기

의식 때문이라고 볼 수 있습니다.

지구당 폐지는 41년 만에 우리나라 정당의 기본 틀을 근본적으로 바꾸는 계기가 될 것입니다. 지구당이 폐지되면 우선 지구당위원장이라는 직함과 상근 조직이 자동적으로 없어질 것이고 중앙당과의 연락과 민원업무만을 담당하는 연락사무소로 대체되게 되는데, 아무래도 지구당위원장들이 부담해 왔던 상당한 액수의 운영경비가 대폭 줄어들 것입니다.

그래서 앞으로 4당이 '돈 먹는 하마'인 지구당을 폐지하면, 우선 새로운 정치신인들이 대거 정계로 진출하는 데 용이할 것입니다. 또 아마 국회의원 상당수가 물갈이되지 않을까 하는 생각도 해 봅니다. 우리 정당사에 획기적인 변화를 가져오는 계기가 될 것은 자명하고, 앞으로 정치가들이 '돈'보다는 '정책'으로 경쟁하는 시대가 될 것입니다.

2) 그런데 민주노동당의 권영길 대표는 지구당을 폐지하기보다는 활성화시켜야 된다고 말했죠?

☞ 권영길 대표는 정당 지구당 폐지에 반대 입장을 냈습니다.

한 지구당 후원의 밤 행사에서 인사말을 통해 이같이 말했습니다.

권 대표는 4당 총무들이 지구당을 폐지하기로 합의했는데, "이 합의를 존중한다."고 하면서도 "민주노동당은 앞으로 더 지구당 활동을 왕성하게 해나갈 것"이라 말했습니다. 근데, 중요한 발언이 있는데 "지난 몇 년간 민주노동당은 지구당을 두고 활동하니 그렇게 돈이 들어가지 않았다."면서 지구당을 존속하겠다는 겁니다. 그

 자유로 세상보기

래서 시민을 정치의 정치주역으로 본다는 겁니다.

아마 민주노동당의 경우는 진성당원(당비를 내는 당원)을 많이 확보해서 당원들이 정치주역으로 전면에 나서게 한다는 의미인 것 같습니다.

지구당을 폐지한다는 4당 총무들의 합의와는 다른 내용이고, 지구당운영에도 돈이 들어가지 않았다는 발언은 우리 정치를 개혁하는 방안에서 한번쯤 생각해 볼 문제라고 생각됩니다.

3) 돈 많이 들어가는 정치구조를 개선하자는 데는 대부분 공감을 합니다만 방법론적인 측면에서는 고민들이 필요할 것 같군요. 지역 시민사회 단체들도 지구당을 폐지하기 전에 이에 따른 폐해를 막을 제도도입을 촉구했죠?

☞ 4개 정당의 원내총무 등이 지구당을 없애기로 했는데, 광주·전남지역 정가에서는 이에 따른 폐해를 막을 제도 도입을 촉구하고 있습니다.

특히 내년 총선 출마자들이 지구당의 간판만 내리고 기존의 조직과 인원은 그대로 둔다면 오히려 부패정치가 심화될 것입니다. 오히려 재력 있는 기성정치인들은 각종 사조직을 만들고 불법적인 사설사무소를 설치하게 되면 '금권정치'를 부추길 우려가 있습니다.

그래서 동창회나 향우회 등 각종 친목모임으로 사조직이 강화된다면 당초 의도대로 목적을 달성하기 어려울 것입니다. 지구당 폐지는 중대선거구나 선거공영제 등의 정치개혁 관련 제도와 함께 진행돼야 한다고 봅니다. 그래서 부패정치인에 대한 신속한 사법처리가 되어야 할 필요가 있습니다. 또, 한 번 비리에 연루되면 정치적인 활동이 거의 불가능할 정도로 엄격한 조치가 마련되어야 하지 않을까 하는 생각도 듭니다. 시민 단체들의 공명선거 운동도 존중되어야 할 것입니다.

4) 민주당과 한나라당 광주시지부가 광주문화수도 예산문제에 대해 모처럼 한목소리를 냈죠?

☞ 네, 민주당 광주시지부는 성명을 통해서 "광주문화수도 육성 예산안이 국회소관상임위인 문광위 소속 일부 한나라당 의원의 삭감주장으로 인해 통과에 난항을 겪고 있다."면서, "이 예산은 국토의 균형발전과 국가 경쟁력 확보차원에서 반드시 통과돼야 한다."고 주장했습니다.

또 한나라당 광주시지부도 성명에서 "광주문화수도 예산을 문제삼은 것은 우리 한나라당 의원들이 취할 태도가 아니다."고 하면서, "이번 예산은 지역균형발전을 위해 반드시 통과돼야 한다."고 주장했습니다.

그래서 '광주 문화수도 육성 사업'과 '비엔날레 행사지원' 등 광주 현안사업들이 광주시 요청안대로 지원될 것입니다. 오랜만에 지역정가에서 한나라당과 민주당이 한목소리를 내고 있는데, 앞으로 민생문제에 대해서도 이렇게 한목소리를 내면 좋겠습니다.

5) 어제 수능시험이 끝났는데요. 일선학교 교사들이 진학지도에 어려움을 겪고 있다면서요?

☞ 네, 내년 수능부터 제7차 교육과정이 적용되어서, 고3 학생들의 재수기피 현상이 두드러질 것입니다. 그래서 일선 학교의 진학지도가 어려움을 겪고 있습니다.

특히, 올해 수험생들의 점수가 지난해와 비슷할 것으로 예상되지만 어려운 문제가 다소 포함돼 있어서 상위권과 중하위권의 점수 격차가 벌어질 것입니다.

상위권과 중하위권 점수 격차가 커지더라도 상위권 안에서는 수능 변별력이 떨어질 것이라는 예상이 조심스럽게 나오고 있으며, 이에 따라 논술과 면접 구술고사의 비중이 커질 것으로 전망했습니다.

반면에 중하위권 학생들이 지망하는 대학 대부분이 논술 및 면접 구술고사를 치르지 않는 대신 각 대학별로 영역별 반영 비율이 다르다는 점이 진학지도에 큰 영향을 미칠 것으로 보입니다.

수험생의 진학지도가 좋은 대학을 가기 위한 지도보다는 미래를 내다보고, 사회와 국가에 공헌할 수 있는 길을 제시했으면 합니다. 또, 명문대만 고집할 것이 아니라, 자신의 소질과 적성을 살리는 방향으로 진학지도가 이루어지면 좋겠습니다.

(2003.11.06. 방송)

33. 시·도민 갈등, 그 해결책을 묻다

1) 광주시와 전라남도가 첨예한 갈등을 빚고 있는 현안 사업들에 대해 청와대 관계자가 직접 지역을 방문해 청취했다면서요?

☞ 네, 최근 청와대 행정관이 전라남도를 방문해서, 고위간부와 관계공무원들로부터 광주시와 전라남도가 서로 맞서고 있는 현안들을 청취했습니다. 예를 들면, 2012년 엑스포, 경륜장, 지방행정기관 합동청사, 국립 문화재연구소 유치에 관한 추진내용과 지자체의 입장 등이라고 합니다.

그래서 전라남도는 여수엑스포와 관련해서, 국가계획으로 추진하다 실패한 뒤 경제부총리주재 경제장관회의 시 2012 박람회 유치 방침이 결정됐고 제주도까지 포함된 광역개발계획이니까, 광주시와 협의를 통해 결정할 사안이 아니라고 했습니다.

경륜장 설치와 관련해서도 광주시보다 먼저 추진했고 타당성 조사용역 등을 거쳐 신청서류를 완비해 정식으로 허가신청했습니다. 나주시에 5만 7,000여 평의 공한지가 이미 확보됐다는 점을 부각시켰다고 합니다.

지방행정기관 합동청사신축에 대해서도 도는 지난 5월과 9월 두 차례나 행정자치부 관계자가 현지방문실사와 점검을 거쳤고 정부예산안에 남평지구가 명시되어서 이를 번복하는 것은 일관성 없다고 주장했습니다.

청와대 행정관도 충분한 의견을 들은 만큼, 조만간에 여러 현안들의 문제가 풀리길 기대합니다. 그리고 양시도민의 의견이 반영되

 공무원의
세상보기

는 합리적인 방안들이 제시되면 좋겠습니다.

2) 광주민주화운동 유공자들에 대한 대부예산이 국회 예산심의에서 반영됐다면서요?

☞ 네, 광주민주화운동 유공자들의 생활안정과 자립 기반을 돕기 위해 국가보훈처가 장기 저리로 대출해 줄 수 있는 광주유공자 대부예산이 국회 정무위 예산심의에서 반영됐다고 합니다.

광주민주화유공자예우에관한법률(41조)에 따르면 대부에 소요되는 재원을 보훈기금에서 출연할 수 있도록 돼 있지만, 기획예산처의 반대 때문에 한 푼도 집행되지 않았다는 겁니다.

그래서 국회 정무위의 박주선(화순·보성) 의원이 최근 예산심의 전체 회의에서 "법적인 근거가 있음에도 불구하고 예산지원을 하지 않을 경우 법이 사문화될 수 있다."면서, "광주유공자 관련 대부예산 14억 전액을 반영해야 한다."고 강력히 주장했다고 합니다.

그래서 정무위 소속 의원들의 만장일치 가결을 이끌어 냈다는 소식입니다.

그렇지만 광주유공자 대부예산 14억 원이 내년 예산에 최종적으로 반영되기 위해서는 국회 예산결산특별위원회 심의를 거쳐야 하는데, 이 과정에서 한나라당의 반대에 직면할 수 있다는 겁니다.

한나라당이 국회 예결위원의 과반수를 차지하고 있지만, 지원이 아닌, 대부예산인 만큼, 광주유공자들이 제대로 혜택을 보면 좋겠다는 생각이 듭니다.

또 법률에 규정된 내용이 사문화되지 않도록 정략적인 차원을 떠나서 대국적인 견지로 검토되어야 할 것입니다.

3) 건강보험공단에서 보험 가입자와 피부양자를 대상으로 실시하고 있는 건강검진이 대상자들로부터 외면받고 있다면서요?

☞ 네, 형식적인 검사나 애매한 진단결과 때문인데 일부 지정병원들의 경우는 2차 정밀 검사를 유도하기도 하고, 또 입원을 권유하는 사례까지 있어서 환자유치 수단으로 악용되고 있다고 합니다.

건강보험공단의 건강검진은 보험 가입자의 질병을 조기에 발견하고 예방할 목적으로 실시하고 있는데 검사 항목은 질병의 징후를 발견할 수 있는 1차 검진과 2차 정밀 검사로 나누어져 있습니다. 비용은 1차는 평균 2만 5,000원, 2차는 질환별로 차이는 있지만 7만 원~10만 원가량으로 공단에서 전액 부담한다고 합니다.

그렇지만 검진효과에 대한 믿음이 부족하여 상당수 대상자들이 검진을 받지 않고 있다는 것입니다.

올 10월 현재 광주지역 대상자 13만 6,873명인데, 이 가운데 22.4%(3만 623명)만이, 전남은 대상자(26만 9,953명) 중에 26.5%(7만 1,562명)만이 검진을 받았다고 합니다.

이것은 1차 23개 항목과 2차 28개 항목 등 일률적으로 항목을 적용하고 있어서, 개인별 질환을 발견하기가 어렵습니다. 또 진단결과도 비만, 고지혈증, 지방간, 위염 등 지극히 상식적인 일반 성인병이 대부분입니다. 또, 특정질환 발병 가능성이 높아서 2차 정밀 검사를 받아도 상당수가 문제없는 것으로 나와서, 아마 병원들이 정밀 검사를 유도하고 있다는 의혹도 있다고 합니다.

 정우진의
세상보기

의료기관들이 2차 검사를 유도하는 것은, 검진비용을 챙길 수 있기 때문인데, 실제로 검진을 받아 본 사람들은 "질환확인에 아무런 도움이 되지 않아 건강검진을 기피하게 된다."고 합니다. 결국 건강보험 가입자의 돈만 낭비하고 있는 꼴이 됩니다.

건강검진이 검진대상자들에게 실질적으로 도움이 될 수 있도록 보완되어야 할 것이고 부당하게 환자를 유치하는 병원에 대해서도 강력한 제제조치가 뒤따라야 할 것입니다.

4) 광주 · 전남 지역대학의 선발요강이 나왔죠?

☞ 네, 내년도(2004학년도) 대학입시 정시모집에서는 광주 · 전남 지역 21개 대학이 1만 5,053명을 뽑고, 전국적으로는 199개 대학에서 올 모집 예정인원의 64.2%인 25만 4,030명을 모집한다고 합니다.

정시모집 원서접수는 다음 달 10일부터 15일까지 6일간이고, 또 가 · 나 · 다 3개 군별 전형은, 다음 달 16일부터 내년 2월 5일까지 차례로 실시됩니다.

광주 · 전남 지역 대학만을 보면, 전남대 3,158명, 조선대 2,561명, 광주교대 460명, 광주대 680명, 목포대 1,043명, 호남대 970명 등을 모집합니다.

이번 정시모집은 이미 수시모집 1, 2차 모집인원이 증가했고 또, 수시합격자가 의무적으로 등록해서, 모집인원은 지난해보다(1만 7,605명) 줄었으며 전체 모집 예정인원에서 차지하는 비율도 64.2%로 지난해(71.1%)보다 작아졌다고 합니다.

대학입학이 인생의 중요한 선택이 되기도 하지만, 무엇보다도 자신의 적성과 소질에 맞는 학과를 신중하게 선택하는 것이 좋을 것 같습니다.

아무쪼록 학생, 학부모, 교사가 서로 협력해서 현명한 선택이 있어야 할 것입니다.

5) 경기침체 가운데 한 푼이라도 아끼기 위해서, 인터넷이나 폰뱅킹을 이용하는 사람들이 늘고 있다면서요?

☞ 그렇습니다. 최근 경기침체가 장기화되면서, 각종 수수료 등이 저렴한 인터넷과 폰뱅킹을 이용한 무통장 거래가 급증하고 있습니다. 은행들도 원가절감 차원에서 인터넷 통장과 폰뱅킹을 적극적으로 유도하고 있다고 합니다.

농협중앙회 전남지역본부에 따르면, 지난 10월 말 인터넷 뱅킹 가입자는 13만 1,153건으로 지난 2002년 말에 비해서 늘어나 33.1%가 늘어나는 높은 증가율을 보였다고 합니다.

폰뱅킹 가입자 수도 9만 9,264건으로 지난해 말(8만 7,536건)에 비해서, 13.4%가 성장했다고 합니다.

그래서 농협의 경우는 일반 저축예금에 가입하면 연 0.2%의 금리를 지급하지만, 종이통장을 없애고 e - 뱅킹 저축예금에 가입하면 연 2.5%를 주고 있다고 합니다.

이렇게 인터넷통장으로 거래가 된다면, 은행 창구 혼잡을 줄일 수 있습니다. 또 원가가 절감이 되고, 또 '종이통장'보다 더 많은 이자를 고객이 받을 수 있기 때문에, 일석 삼조가 될 것입니다.

그렇지만 이런 편리함 속에 감추어진 정보유출이나 해킹의 위험도 있다는 부정적인 측면도 기억해야 할 것입니다.

이러한 점들이 충분히 고려돼서, 고객들도 좋고 은행들도 좋은 인터넷 거래가 정착될 수 있기를 기대합니다.

(2003.11.13. 방송)

34. 농민들, 서울로 향하다

1) 한국시멘트 사장이 구속됐다면서요?

☞ 네, 불법자금을 조성해서, 법정관리를 벗어난 회사의 경영권을 장악한 혐의입니다.

광주지방검찰청은 회사 정리절차 종결과정에서 100억 원대의 불법 자금을 조성해 회사 경영권을 장악한 혐의(업무상 배임)로, 한국시멘트 대표 이 모(49) 씨와 이 자금을 조성하는 데 공모한 혐의로 S 건설 대표 이 모(54) 씨를 긴급체포했다고 합니다(전남일보).

검찰은 또 한국시멘트와 S 건설 사무실에 대한 압수수색과 계좌 추적을 실시하고, 관계자 10여 명을 참고인 자격으로 불러 조사하고 있다고 합니다.

검찰에 따르면, 법정관리 중이던 한국시멘트의 재산보전관리인으로서 실질적인 사장 역할을 한 이 씨는, 500억 원대 규모의 사일로 공사 등을 하면서, S 건설 대표 이 씨에게 공사를 맡겨 그 대가를 받은 혐의를 받고 있다고 합니다.

또 한국시멘트 사장 이 씨는, 한국시멘트 명의로 양도성예금증서

(C D)를 발행, 수십여 억 원을 대출받았는데, 이 돈 역시 불법자금 조성에 사용된 것으로 알려졌습니다.

한국시멘트 이 모 사장에게, 재산관리를 하라고 맡겨 놓았는데, 불법자금을 조성했다니, 서민들은 허탈감을 느끼지 않을 수 없는데, 사정당국에서는 불법자금 조성과정을 철저히 조사해서 성실이 살아가고 있는 서민들이 허탈감을 느끼지 않도록 해야 할 것입니다.

2) 광주지역 굴지의 기업은 한국시멘트는 어떤 회사인지 자세히 전해 주시죠?

☞ 한국시멘트는 슬래그 시멘트 전체 시장의 30%를 점유하고 있습니다.

광주지역에서 중견업체에 속합니다.

1976년 시멘트사업에 발을 내딛으면서 한국고로시멘트로 출발했습니다.

지금은 지대임대가공사업, 부동산 임대사업 등으로 영업활동 범위를 확장하고 있습니다.

근데 과거에 부도를 당한 경험도 있습니다. 1995년 부도를 맞았는데, 그 후 7년 만인 지난해 5월 17일 광주지방법원으로부터 회사정리절차 종결결정을 받아서 회생됐습니다.

영업권역으로는 경상남·북도와 대구, 부산, 충청남·북도, 대전 등을 주 대상지역으로 하고 있습니다.

3) 오늘 광주·전남 지역 농민들은 전국농민대회에 참석하기 위해서 서울로 향했죠?

☞ 그렇습니다. 광주·전남 지역 농민 1만여 명이 서울로 갔습니다.

서울 여의도광장에서 열리는 전국농민대회에 참석하기 위해 각 지역별로 전세버스를 이용해서 상경했습니다(무등일보).

전남지방경찰청은 광주시 남구 대촌동, 서구 서창동 일대 등에 임시검문소를 설치하고 검문검색을 했습니다. 이는 상경농민들이 불법시위용품이나 농작물 등을 소지했는지 여부에 대한 것입니다. 그래서 한때 긴장이 고조되기도 했지만, 큰 충돌은 없었습니다.

오후 서울에 도착해서, 여의도 둔치(금성무대)에서 '우리농업 사수·쌀 지키기·농민생존권 쟁취 전국농민대회'가 열렸는데 광주·전남에서만 1만여 명이 참가해서, 상당히 대규모 농민집회라고 볼 수 있는 거죠.

부디 평화로운 집회가 될 수 있기를 바라고 농민들의 요구가 정책적으로 수렴되기를 기대합니다.

4) 농민들이 상경투쟁에 나설 수밖에 없는 이유는 무엇입니까?

☞ 한국농업이 '파탄' 날 수도 있다는 이유입니다.

시장개방의 파고를 막지 못하면, 모든 농산물의 생산기반이 무너지게 된다는 겁니다.

현재 전국농민연대가 주장하는 요구사항은 10가지입니다.

▲ＷＴＯ/ＤＤＡ 농업협상·쌀 수입개방반대 ▲통일대비 식량자

급 및 식량주권 확보를 위한 종합대책 수립 ▲농업·농촌을 살리기 위한 농업투자계획 및 재원확보 ▲한·칠레자유무역협정(FTA) 국회비준 추진중단 및 DDA 농업협상 이후 재논의 ▲농가부채특별법 개정 등입니다.

이 중 가장 중요한 것은, 세계무역기구(WTO) 국제농업협상과 쌀 재협상, 수입개방에 관한 분야입니다.

세계무역기구의 농업협상은 도하개발의제(DDA)에 따라 4년째 이어져 오고 있습니다.

다음 달에는 스위스 제네바에서 협상이 재개될 예정입니다.

농업협상의 결과에 따른 개방은 피할 수는 없을 것 같은데 농민들의 현실적인 고민을 풀어 주는 정부의 대책이 필요할 것입니다.

5) 한·칠레 자유무역협정 국회비준은 의원들 사이에서도 의견이 분분한 것으로 아는데 어떻습니까?

☞ 지난해 10월 한·칠레 자유무역협정이 양국 간에 타결됐습니다. 국회 비준절차를 남겨 두고 있습니다.

칠레는 지난 8월 비준이 끝났지만, 우리 국회에서는 비준이 추진되고 있습니다.

정부는 과수산업 피해액이 앞으로 10년 동안 7천억 원에 이를 것으로 보고 있습니다. 그래서 1조 원 규모의 지원계획을 세워 놓고 있다고 합니다.

지난 10년간 관세화 유예를 받은 쌀 재협상도 내년에 진행되는데 전체 농가의 77%가 쌀농사에 종사하고 있고 쌀을 통한 소득이 전체 농가소득의 절반을 차지하고 있기 때문에 쌀이 개방되면 농업에 가장 큰 타격을 미칠 것 같습니다.

앞으로 농민들이 납득할 만한, 정부의 농업에 대한 장기적인 비전과 대책이 제시돼야 할 것 입니다.

(2003.11.20. 방송)

35. 신용불량자, 관리만 능사인가?

1) 시·도지사가 오늘 만나죠? 과연 광주시와 전라남도 갈등의 실타래를 풀 수 있을까 걱정인데요?

☞ 광주시와 전남도가, 정부합동청사 신축과 2012세계박람회 유치 등 현안사업을 놓고 갈등이 심해지고 있습니다. 이제 서로 간의 '말싸움'이 도를 넘어서고 있다는 겁니다.

특히 광주시가 25일 '전남도 주장에 대한 시의 입장'이라는 내용의 성명을 발표했습니다.

이것은 지난 24일 전남도가 '시·도민께 드리는 말씀'을 통해 광주시의 행정절차상 문제점을 지적하고 나선 데 대한 '반격'인 것 같습니다.

광주시의 성명을 보면, '시장과 도지사가 만나 자율 조정해 보고, 다음으로 지역 원로들로 조정위원회를 구성해 논의하고, 그것도 안 되면 마지막으로 중앙정부 결정에 따르자'라는 다소 진전된 안을 내놓았습니다.

그렇지만 각 쟁점 사안별로 전남도를 비난하는 데 많은 부분을 할애했다고 합니다.

이에 대해 시·도민들은 '정말 지겹다'는 반응들입니다.

이렇게 시·도의 갈등이 악순환되고 있습니다. 시도지사가 자신의 임기 내에 뭔가 이루어야겠다는 성과에만 급급하지 말고, 장기적이고 대국적인 견지에서 여러 가지 사안들을 접근해야 할 것으로 생각이 됩니다. 그리고 양 시도의 지방의회나 시민 단체들도 갈등해결을 위해서 적극적으로 나서야 할 것입니다.

2) 지역금융권이 신용불량자에 대한 대대적인 관리에 들어간다면서요?

☞ 최근 유동성 부족으로 현금서비스를 중단했던 LG카드 사태를 계기로 앞으로는 신용불량자는 물론 잠재불량고객에 대해서도 이용한도를 축소할 예정이라고 합니다.

광주은행은 현재 연체 고객들에게 금리인상과 대출만기연장 불허 등을 통해 불이익을 주고 있는데, 앞으로도 신용불량고객에 대한 관리를 더욱 강화할 것이라고 하고 있습니다.

농협중앙회도 본부 차원에서 잠재불량고객에 대한 현금서비스 한도와 이용한도 등을 대폭 축소하고 있다고 합니다.

국민은행도 신용카드 잠재부실 고객 수십만 명에 대해 현금서비스 한도를 대폭 축소할 예정입니다.

현금서비스 한도와 이용 한도만을 줄이는 게 능사인지 살펴보아야 할 것이고, 갑자기 이렇게 은행에서 대출 한도를 줄인다면, 더욱 신용불량자가 늘어날 수밖에 없다는 생각이 듭니다. 시민들이

 김광일의
세상보기

경제활동으로 신용을 쌓을 수 있는 일자리 창출 등이 우선되어야 할 것으로 생각됩니다.

3) 지역에서 활동하는 의원들이 우리당에 대거 입당할 것이라는 소리들이 흘러나오고 있는데 사실입니까?

☞ 그렇습니다. 광주·전남 시·도의회 의장을 비롯하여 광역의원 및 기초의회 의장 등 30여 명이 조만간 열린우리당으로 입당할 것으로 알려지고 있습니다(무등일보).

그래서 이형석 시의회의장과 이윤석 도의회의장, 박석면(무안) 전동평(영암) 도의원과 모 지역 기초의회 의장 등이 우리당에 집단적으로 입당할 예정이라고 합니다.

광역의원은 20여 명, 기초의원은 10여 명 선이지만, 추가로 더 입당할 가능성도 있습니다. 이렇게 내년 총선을 앞두고 민주당과 열린우리당의 인물 영입경쟁이 가열화되고 있습니다.

이럴 때일수록 지역 표만을 의식해서 눈치를 살피는 지역정치인보다는, 정당정책과 진정으로 국민에게 비전과 희망을 제시하는 정당이 어느 곳인지를 살피는 것이 중요할 것으로 생각됩니다.

4) 전남지역만을 대상으로 개발된 첫 관광 상품에 의해서 어제 일본인 관광객들이 전남지역을 찾았죠?

☞ 그렇습니다. 이 관광프로그램은 일본 한 여행사와 우리나라 여행사가 공동개발해서 27명의 일본인 관광객을 모집해서 성사된 것인데, 연말까지 계속될 예정이라고 합니다.

강진 청자박물관을 찾은 한 일본인은 서울이나 부산 등과는 다른 모습에 감동을 받았다고 밝히기도 했습니다. 그러면서도 교통이 불편한 점이나, 어색하게 외국인 관광객을 접대하는 것은 고쳐 나가야 된다고 말하기도 했습니다.

내년에는 관광객 규모가 더 늘어나서 광주·전남 지역을 찾는 일본인 관광객들이 크게 증가할 것 같은데 전남이 관광을 통해서 수입을 확대하는 전략을 좀 더 구체화해야 할 것입니다. 우리 농촌의 특성과 이미지를 살리는 것은 물론, 외국 관광객들이 지적하는 내용들을 꼼꼼하게 살펴야 할 것입니다. 앞으로 관광을 통한 많은 성과를 기대합니다.

5) 광주의 한 건설회사가 무등산 자락에 아파트 건립을 추진하면서 형질변경을 위해 제출한 임목도 조사가 부실하게 이뤄졌다는 의혹이 사실로 드러났다면서요?

☞ 네, 무등산보호 단체협의회는 대주건설이 아파트 건축을 추진 중인 광주시 학동 무등산 자락을 현장 실사한 결과 입목본수가 60여 그루가량 누락된 것으로 확인됐다는 겁니다.

그래서 입목도[1] 조사가 부실하게 이뤄졌음이 사실로 드러났다고 밝혔습니다.

무등산보호 단체협의회(무보협)와 전남대 산림자원조경학부 조사팀 등에 따르면, 동구 학동 아파트 부지 5,042㎡(1,400여 평) 입목도를 재조사한 결과 50%를 상회하여 형질변경이 불가능한 부지인

---

1) 임목도는 단위 면적 내 임목의 본수나 재적이 정상적인 상태와 비교해 어느 정도 비율로 존재하는가를 따져 식생상태를 판단하는 지표임.

 무등산에서 세상보기

것으로 확인됐습니다.

그래서 입목도 조사결과가 왜곡되거나 입목도를 조작할 의도가 있었다면, 그 진상이 철저히 규명되어야 할 것입니다. 특히 관할 행정청의 안일한 태도와 사업예정부지의 나무를 훼손한 건설회사는 납득할 만한 해명이 있어야 할 것입니다.

또, 형질변경이 잘못되었다면, 훼손된 토지에 대해서 원상회복을 해야 한다고 생각합니다.

(2003.11.26. 방송)

36. 정치권의 영입경쟁

1) 한국시멘트 비리가 확산되고 있죠?

☞ 네, 한국시멘트가 법정관리를 졸업하기까지는 그 이면에는 전 대표이사는 물론, 전 노조위원장과 전 영업관리 팀장까지 연루되는 등 총체적 비리가 있었다는 것이 밝혀졌습니다(무등일보).

광주지검 특수부는 한국시멘트 전 대표이사 이 모(49·구속) 씨로부터 5,000만 원을 받은 혐의(배임수재)로 전 노조위원장 김 모(48) 씨를 구속했습니다.

김 씨는 2001년 11월 한국시멘트 포항공장에서 이 회사 주채권은 행인 산업은행이 법정관리에 동의해 주지 않자 당시 전무이사이던 이 씨로부터 "노조원을 동원해 은행장실에서 농성을 벌이는 등 압력을 행사해 달라."는 부탁과 함께 5,000만 원을 받은 혐의입니다.

그리고 전 영업관리 팀장 양 모(45) 씨도 구속되었는데, "회사자금 1억 원을 함께 빼 돌린 사실을 폭로하겠다."고 전 사장 이 씨를 협박해서, 1억 원을 챙긴 혐의를 받고 있습니다. 그래서 이번 한국시멘트 법정관리 비리와 관련, 검찰에 구속된 사람은 이 씨에게 뇌물을 건넨 S건설 대표 이 모(54) 씨 등 모두 4명으로 늘어났습니다.

역시 불법비리가 있는 곳에는, 이를 비호하거나 비리를 다시 협박해서 돈을 뜯어내는 사람들이 있다는 사실이 증명되고 있는데, 비리와 연관된 사람들을 철저히 조사하길 기대합니다.

2) 부국철강이 최근 한국시멘트의 주식을 매입한 것과 관련해 회사직원들이 반발하고 있다면서요?

☞ 부국철강 회사 직원들이 불법 자금조성 혐의로 구속된 전 사장 소유 주식은, 인정할 수 없다고 반발하고 있습니다.

부국철강이 지난달 28일, 한국시멘트 주식 64만주(지분의 28.7%. 주당 2만 3,500원), 144억 원어치를 매입해 계열사로 편입했다는 것인데 부국철강이 인수한 지분은 구속된 이 모 전 사장의 지분입니다. 그래서 최대주주가 된 부국철강은 조만간 한국시멘트에 대한 경영권 행사에 나설 것으로 알려졌습니다.

그렇지만 한국시멘트 직원들은 반발하고 있습니다.

왜냐하면 구속된 전 사장의 불법 자금 조성과 관련된 진상이 규명되지 않은 상태이고, 그래서 외부 자금유입과 새 최대주주의 경영권 행사를 인정할 수 없다는 것입니다.

한국시멘트 직원들은 나름대로 경영권 방어에 나서고 있고, 부국철강은 부국철강대로 지분 매입이 적법한 절차였다고 주장하고 있습니다. 그래서 당분간 경영권 다툼이 있을 것 같습니다.

회사 전 사장 이 씨에 대한 불법 자금 조성이라는 문제가 우선 명확하게 밝혀져야 할 것입니다. 또 경영권 다툼과정에서 직원들과 투자자들의 불이익이 있게 되지 않을까 염려됩니다. 아무쪼록 경영권 분쟁이 빨리 해결되길 기대합니다.

3) 민주당의원들이 전라남도의회 이윤석 의장에게 자진 사퇴를 요구하고 있다면서요?

☞ 이윤석 도의회 의장이 '열린우리당'에 입당했기 때문입니다. 그래서 전남도의회 민주당 소속 의원들이, 도의회 의장의 자진 사퇴를 주장하고 있습니다.

이에 대해서 이 의장은 당초 약속대로 내년 2월 사퇴 입장을 고수하고 있고, 민주당소속 의원들은 조기사퇴를 하지 않으면 의장불신임도 불사하겠다는 것입니다.

전남도의회 민주당 소속 의원들은 어제(2일) 오후 4시 의원총회를 열고 이 의장의 사퇴를 요구하는 권고결의안을 제출하고, 이 요구가 받아들여지지 않을 경우 불신임결의안을 채택기로 했다고 합니다.

특히 의원총회에서 민주당 소속 의원들은 이 의장이 민주당 소속으로 의장에 당선됐는데도 당적을 바꾸고 수뢰 등의 혐의로 검찰에 불구속 기소되는 등 명예를 실추시켜 스스로 물러나야 한다고 주장했습니다.

예산 심의 기간인데, 그래서 앞으로 의정 활동에 차질도 우려됩니다.

앞으로 의장사퇴 요구 등과 관련해서, 벌써부터 잔여임기 의장이나, 내년 7월부터 임기가 시작되는 후반기 의장으로 거론되는 의원들이 있습니다.

그래서 만약 조기사퇴가 이뤄진다면 예산안 처리를 포함해서 산

세상보기

적해 있는 여러 가지 의안들을 처리하는 데 차질이 있을 것은 당연
할 것이고 결국 주민들만 피해를 입게 될 것입니다.

4) 내년 총선에서 지역민심을 잡기 위한 정치권의 영입경쟁이 치열하죠?

☞ 네, 광주·전남지역의 민심을 선점하기 위한 민주당과 열린
우리당 간에 영입 경쟁이 치열합니다. 양당의 영입경쟁은 당선 가
능성 측면에서 우위를 선점하고 지역민심을 아우를 수 있는 전직
장·차관 출신 또는 전직의원 등을 중심으로 진행되고 있습니다.

우리당은 지난달 10일 1차 영입대상 50명에 이어, 2일 신건 전
국정원장과 안병우 전 국무조정실장, 유삼남 전 해양수산부장관,
신택호 변호사, 화순출신 문두식 전 기무사령관 등 학계, 군, 언
론·방송인사 등 2차 영입인사 54명을 발표했습니다. 국민의 정부
시절 요직을 맡았던 인사들과 호남출신 다수가 포함돼 있습니다.

선거철만 되면 이곳저곳을 기웃거리는 철새정치인들은 철저히
배제되었으면 하는 생각이고 정당에서도 당선가능성에만 놓고, 무
조건 영입하는 것은 문제가 있다고 생각합니다.

5) 지역 중소기업들의 입지난 해소를 위해서는 지역 산업단지를 장기
임대 주는 대책이 필요하다는 의견이 제시되고 있죠?

☞ 그렇습니다. 중소기업협동조합중앙회 광주·전남지회 주최로
열린, 양해진 광주·전남 중기청장 초청 중소기업 육성 간담회에서
나온 의견입니다.

여기에서 발표된 내용을 살펴보면, 오찬교 광주·전남금속가구공

업조합 이사장은 "비공업 지역에 입주한 제조업체들이 산업단지 입주를 희망하고 있지만, 높은 분양가와 최소 분양면적 등으로 입주를 포기하는 경우가 많다."고 밝혔습니다.

현재 지역제조업체(1만 8,42개) 중 산업단지에 입주한 업체는 불과 2,616개로 지역제조업체의 산단 입주율은 15%에도 미치지 못하고 있는 실정입니다.

특히 미분양된 산업단지가 상당수 있다는 겁니다.

그래서 첨단산단이 분양되지 않는 1만 8,000평을 100~150평으로 분할해 임대해 줬듯이, 비공업지역에 위치한 영세중소기업들을 위해서 미분양된 산업단지를 최소 규모로 분할, 장기임대분양해 주는 방안이 시급합니다.

이런 의견들을 관계 당국에서는, 경청해야 할 것이고, 지역중소기업들의 애로사항이 중소기업육성 정책에 반영되도록 해야 할 것입니다.

(2003.12.03. 방송)

37. 멀쩡한 도로를 파헤치다

1) 전국 시·도의회의장들이 지방분권과 국가균형발전 등 지방과 관련된 중요 정책을 결정할 때는 지방자치 단체의 대표자들이 참여할 수 있도록 이를 법제화해 줄 것을 요구하고 나섰죠?

☞ 그렇습니다. 광주·전남을 비롯하여 전국 시·도 의회의장들이 지방분권과 국가균형발전 등 지방과 관련된 중요 정책을 결정

할 때는 지방자치 단체의 대표자들이 반드시 참여할 수 있도록 법제화해 줄 것을 정부 요구했습니다.

내일 청와대에서 열리는 대통령과의 간담회에서 지방자치 및 지역발전과 관련된 국정협의의 과정에 시·도 지사협의회와 시·도의회의장협의회, 시장·군수·구청장협의회, 시·군·자치구의회의장협의회 등 지방 4단체 대표자들이 참가할 수 있도록 법제화해 줄 것을 정부에 건의키로 했습니다.

지방자치와 관련된 국정협의의 과정에 항상 지자체와 그 대표자들이 참여하는 것이 좋을 듯싶습니다. 아무래도 정부 주도로만 제도가 정비된다면, 다소 지역현실과 맞지 않는 정책이 결정될 수 있습니다.

탁상공론에만 그치는 정책이 아닌, 현실적인 정책들이 실현되고 실질적인 지방분권이 실천되었으면 좋겠습니다.

2) 의문사 진상조사위원회의 조사를 받았던 현직 경찰관이 의문사위가 인권을 침해했다며 국가인권위에 진정서를 제출해 논란이 되고 있죠?

↳ 지난 97년 발생한 한총련 투쟁국장 김준배 씨 사망사건과 관련해서, 의문사 진상조사위원회의 조사를 받았던 현직 경찰관이 의문사위가 인권을 침해했다며 국가인권위에 진정서를 제출해서 논란이 되고 있습니다.

현직 경찰관이 국가기관으로부터 인권침해를 당했다며 진정서를 제출하기는 매우 드문 사례인데, 어떤 결과가 나올지 주목됩니다.

3) 지방자치 단체마다 남은 예산을 쓰느라 도심 곳곳을 파헤치고 있
   다는데 어떻게 된 겁니까?

☞ 매년 이맘때면 지자체마다 남은 예산을 쓰느라 멀쩡한 도로
까지 파헤치고 있습니다. 올해도 예외는 아닙니다.

광주 북구 등 5개 구에 따르면 연말을 맞아 도심 곳곳에서 상하
수도관, 전기선, 가스관 교체나 신축공사가 집중적으로 진행되면서
주민불편 민원도 늘고 있다고 합니다.

북구 용봉동 전남대 후문 앞 인도 200m는 지난 10월 말부터 상
하수도 복구공사를 시작해서, 한 달 넘게 공사를 진행하고 있는 상
황이라고 합니다.

매번 잘못된 일인 줄 알면서도 파헤치고 다시 복구하는 일이 반
복되고 있는데, 이런 낭비를 개선할 필요가 있다고 생각합니다.

4) 주유소들이 25일부터 동맹휴업에 들어간다면서요?

☞ 한국주유소협회 광주·전남지회가 세녹스에 대한 정부의 강
력한 단속을 촉구하며 오는 25일부터 동맹휴업에 들어가기로 했습
니다. 유사휘발유 또는 연료첨가제로 알려져 있는 세녹스(cenox)는
이를 생산하는 제조회사가 붙인 상품 이름입니다.

세녹스는 IMF사태로 휘발유 가격이 급등한 틈에 휘발유를 대신
해 사용되면서 불법성이 법적인 분쟁까지 갔었습니다. 그러다가 유
사휘발유 생산·판매 혐의로 기소됐던 사업주가 지난주 무죄판결
을 받기도 했습니다.

문제는 연료첨가제냐?, 유사휘발유냐? 등으로 나타났지만, 현실적

 세상보기

으로는 업계의 이권 다툼이라고도 이해할 수 있습니다. 휘발유가 미래에도 연료시장의 독보적인 지위를 계속 유지할 수 있을 것인지 생각해 볼 문제입니다.

5) 전남도 내 폐기물종합처리장 건립이 주민들의 반대로 해를 넘기게 됐다면서요?

☞ 네, 주민들의 반대에 막혀 수년째 차질을 빚으면서 일부 국비 사업비가 반납될 위기에 처해 있습니다. 특히 영암군의 경우 군사보호시설 지역에 부지를 선정하는 바람에 아예 협의조차 못하고 있어 추진 자체가 불투명해지고 있습니다. 현재 도내에 건립이 추진되고 있는 폐기물종합처리장은 화순군 한천면을 비롯해 모두 6개소라고 합니다.

강진군, 무안군, 영광군과 진도군 등도 거의 비슷합니다.

그래서 각 시군들은 정부로부터 지원받은 국비 15억 원씩을 지키기 위해 수년 동안 사업비를 사고 이월한 뒤 불용 처리시키는 방법으로 사업비 반납을 미루고 있는 실정이라고 합니다.

폐기물종합처리장 등과 같이 지역혐오시설로 분류되는 시설 등은 미리 주민들과 협의하고 설득하는 노력이 지속되어야 할 것입니다. 또 이런 시설과 관련된 분쟁조정절차를 마련하고, 성실하게 임하는 자치 단체의 노력도 중요하다고 생각됩니다.

(2003.12.10. 방송)

38. 학교가 햇볕 한 점 안 들게 된다면

1) 어제 민주당이 내년 총선을 겨냥해 영입인물로 발표한 지역 인사들이 지역구 도전에 나설 예정이라면서요?

☞ 그렇습니다. 광주·전남에서는 국민의 정부 당시 청와대에서 근무했던 인사 10여 명이 이미 입지를 굳힌 상태여서 내년 총선이 치열할 것 같습니다.

영입인사 21명 중에는 박준영, 조순용 전 수석, 그리고 최인기 전 행정자치부 장관 등 3명이 포함돼 있어서 관심을 끌고 있는데, 박준영 전 청와대 공보수석은 김옥두 의원이 버티고 있는 영암·장흥 후보경선에 나설 예정입니다. 조순용 전 청와대 정무수석은 같은 당 김경재 의원과 순천서 치열한 공천경쟁을 할 것 같습니다. 그리고 최인기 전 장관은 배기운 의원이 버티고 있는 나주에 출사표를 던졌습니다.

공천과정에서부터 격렬한 대결이 예상되어서 총선국면에 과열이나 혼탁선거를 우려하는 목소리들도 있는데 종전과는 달라진 개혁정당의 모습을 기대하겠습니다.

2) 시교육청 간부가 수능 일에 업자와 골프를 친 사실이 밝혀져 물의를 빚고 있죠?

☞ 네, 광주시교육청의 핵심 산하기관장인 신 모(61) 씨가 수학능력시험일인 지난달 5일 자신이 학교운영위원장을 지낸 광주 모 실업계 고교 교장하고, 두 명의 사업자와 함께 골프회동을 가져서

세상보기

물의를 빚고 있습니다.

신 모 씨는 당시 관급공사 조경수를 둘러본다는 이유로 출장을 나간 뒤에, 정작 조경업자, 인쇄업자 등과 함께 오후 늦도록 골프를 친 뒤 근무지 복귀조차 하지 않은 것으로 드러났습니다.

시교육청 주변에서는, 현재 추진 중인 23억 원 규모의 기자재 입찰과 관련해서 로비에 넘어가 접대성 골프를 친 것 아니냐는 의혹을 제기하고 있습니다.

수학능력시험일은 수험생은 물론 학부모, 교육관계자가 모두 긴장하고 있는 날인데, 시교육청 간부의 골프회동이 입찰과 관련된 것인지에 대한 진상조사가 있어야 할 것 같습니다. 또 당사자에 대한 징계는 물론이고, 기자재 입찰 관련부분도 투명성이 확보되도록 하는 제도적인 장치가 마련되어야 할 것입니다.

3) 광주신세계 명품관 영업과 관련한 논란이 계속될 것 같죠?

☞ 시민 단체 등이 소송할 뜻을 밝혀 논란이 계속될 것 같습니다.

시민 단체는 <참여자치 21>입니다. 광천동 종합터미널의 편의시설인 광주신세계백화점 1층에 명품관을 허가한 것은 관할 구청인 서구청인데 이 서구청이 법 해석을 잘못 했다면서, <참여자치 21>이 광주시에 청구했던 행정심판이 '각하'되었는데, 행정소송도 불사하겠다는 입장을 밝혔습니다.

한마디로 광주시의 입장은 <참여자치 21>은 행정심판을 청구할 당사자가 아니라는 겁니다.

그래서 신세계백화점 명품관 영업에 대해서 행정청의 허가절차에 대한 논란은 계속될 것 같습니다. 아무쪼록 화려한 백화점의 영업을 위한 허가에, 하자가 있었는지에 대한 명확한 판단을 기대합니다.

4) 중국이 세계박람회와 관련해 상하이와 여수에서 공동개최할 것을 제의했던 사실이 공식 확인됐죠?

☞ 한국 여수와 치열한 경합 끝에 2010년 세계박람회 개최권을 딴 중국 상하이(上海)시가 한때 '상하이 – 여수 공동개최안'을 한국 측에 제의했던 것으로 공식 확인했습니다.

중국 측의 공동개최 제의는, 그동안 전라남도에 의해서는 수차례 확인되었지만 중국 측이 이를 공식 확인한 것은 이번이 처음입니다.

상하이시 박람회 사무국의 저우한민(周漢民) 부국장은 16일 오후 주(駐)상하이 한국총영사관(총영사 박상기)이 개최한 경제포럼에 참석해서 엑스포 유치상황을 회고하면서 밝혔는데, 박 지사는 당시 "상하이가 2001년 여수와의 공동 개최를 제의했지만 무슨 이유인지 몰라도 정부가 이를 받아들이지 않았었다."고 밝히기도 했습니다.

만시지탄이지만 정부가 공동개최안을 받아들이지 않았던 것이 안타깝다는 아쉬움이 듭니다. 또 우리 정부 관계자가 너무 자만하지 않았나 하는 생각이 듭니다.

5) 광주 남구 진월동 효덕초등학교 학부모들이 고층아파트 건설과 관련해 일조권과 학습권을 이유로 집단행동에 들어갔죠?

☞ 네, 어제 효덕초등학교 학부모와 교사 등 500여 명이 학교 앞 인도에서 피켓 시위를 벌였습니다. "22층에 이르는 고층 아파트

 무호로
세상보기

건설로 일조권과 조망권이 침해받을 우려가 있다.”며 “아파트 공사를 즉각 중지하라”고 촉구했습니다.

또 “도심권 아이들은 학교 운동장에서나마 겨우 흙을 밟고 지낼 수 있는데 그마저도 빼앗아 가려 한다.”며 “햇볕 한 점 안 드는 학교에서 아이들의 학습공간이 그늘에 묻히도록 방치할 수 없다.”고 주장했습니다.

한편 D건설은 지난 6월 17일 공사 허가를 받아 22층 아파트 2개 동 256가구를 지을 예정이라고 합니다.

도시가 발달하면서, 일부 학교는 아침부터 오후 늦게까지 운동장과 학교건물이 그늘이 져 ‘일조권’이 침해되는 문제인데, 아무리 구청에서 적법하게 허가를 내줬다 하더라도 자라나는 학생들을 위해서 일조권이 확보될 수 있도록 하는 방안이 마련되어야 할 것입니다.

(2003.12.17. 방송)

39. 추운 크리스마스를 보내다

1) 오늘 ‘크리스마스 이브’라서 들뜬 분위기인데요. 비인가시설은 더 추운 겨울을 보내고 있다면서요?

☞ 그렇습니다. 장애인과 각종 질환에 시달리는 노인, 그리고 버림받은 아동들의 보금자리인 ‘비인가 사회복지시설’의 겨울나기가 더 힘겹습니다.

이런 비인가 사회복지시설은 시설과 규모가 열악해 인가시설에 비해 더 많은 지원이 필요하지만 정부나 지방자치 단체의 지원을 받지 못하고 있습니다.

기부금 영수증을 발행하지 못하기 때문에, 기업체의 후원금조차 받지 못하고 있는 형편이라고 합니다.

우리 지역의 비인가 복지시설은, 광주 25곳, 전남 47곳이고, 이곳에서는 장애인과 노인, 버려진 아동 등 1,000여 명이 생활하고 있습니다.

더욱 안타까운 것은 시설확보라는 조건을 충족시키지 못해 일정 기간 후 폐쇄될 수밖에 없다는 점인데, 비인가 복지시설에서 차가운 겨울을 보내고 있는 사람들에 대한 우리 모두의 관심이 필요합니다. 조그마한 정성을 모아서 전달하는 훈훈한 마음이 있었으면 좋겠습니다.

2) 지방분권 예산 삭감돼 지역시민 단체가 반발하고 나섰죠?

☞ 국회 예산계수소위가 지방분권 관련 각종 지역예산을 대폭 삭감할 움직임을 보이고 있어서, 지역 시민·사회 단체가 성명을 내고 집단 반발할 움직임이 확산되고 있습니다.

특히, 민주당이 23일 의원총회에서 지방 살리기 3대 특별법 중 이미 상임위와 법사위를 통과해 본회의에 회부된 국가균형발전특별법과 신행정수도건설특별법의 처리를 무산시켜서, 본회의 처리가 29일로 연기됐습니다. 이에 대해서도 시민 단체의 반발이 있습니다.

지방분권국민운동 광주·전남본부(공동대표 나간채·오재일교수)와 광주경제정의실천시민연합(경실련)은, "민주당이 지방 살리기에

 세상보기

대한 의지가 있는지 의문과 함께 배신감마저 든다.”며 강도 높게 비난했습니다. 또한 내년도 예산을 심의하고 있는 국회예산계수소위가 광산업과 대불자유무역개발사업, 지방이전촉진사업 등 지방분권 관련 주요 예산 중 일부를 이미 삭감하거나 삭감 움직임을 보이고 있는 것과 관련해서도 우려감을 나타내고 있습니다.

국회에서 수도권의 눈치를 보고 있고, 또 ‘지방균형발전’이라는 화두가 총선전략차원에서 다루어지고 있는데 정말 큰일이 아닐 수 없습니다. 내년 예산마저 지역예산이 삭감될 우려가 있는데 모든 것을 ‘정치적 논리’로만 접근하기보다는 국가의 역사적인 관점에서, 장기적으로 내다보는 안목이 필요하다고 생각합니다.

3) 조류독감으로 전국이 비상인데요. 살처분된 오리의 보상금 지급기준과 시기를 놓고 마찰이 빚어지고 있죠?

☞ 그렇습니다. 농림부의 ‘살처분 가축 등에 대한 보상금 지급 요령 고시’에는 시가보상을 원칙으로 하고 있습니다. 오리는 닭에 준해 보상하도록 되어 있습니다.

그래서 실용계의 경우 산란용은 21주 된 것이 1마리당 3,500원, 씨를 받을 닭(종계)은 산란용(21주 기준)이 1만 2,250원, 육용(28주 기준)은 1만 원 등이 됩니다.

그렇지만 오리에 대한 보상은 처음 있는 일인데다 애매한 부분이 많아 혼선이 빚어지고 있습니다. 더구나 축산농민들은 이 같은 보상가에 대해 만족하지 못하고 있습니다.

보상가가 너무 낮고, 또 전남도내 살처분 농가에 보상금이 지급되는 시기도 빨라야 내년 1월 초가 될 것입니다. 그래서 시름에 잠겨 있는 농가들을 생각하면 안타까울 뿐이고 보상기준들이 현실성 있게 마련돼야 할 것입니다. 특히 위탁을 받아서 사육한 농민들이, 실의에 잠기지 않도록, 정부차원의 대책들이 하루빨리 세워져야 할 것입니다.

4) 광주인구가 처음으로 감소했다면서요?

☞ 올해 광주지역 인구가 사상 처음으로 감소세로 돌아섰다고 합니다.

그리고 신흥 주거지역이 개발되고 있는 광산구와 서구로 인구가 급격히 이동하고 있는 것으로 나타났습니다.

광주시와 일선 자치구에 따르면, 지난 11월 말 현재 광주 거주인구는 139만 7,398명으로 지난해 말에 비해 54명이 줄어서, 사상 처음으로 인구 감소를 기록했다고 합니다.

자치구별로는 동구가 지난해 같은 기간보다 1천616명이 감소했고, 북구도 무려 6,531명이 줄어들었어요. 남구 인구 역시 5,514명이 감소했습니다.

그렇지만 광산구와 서구는 증가했습니다. 광산구는 1만여 명가량이 증가했습니다. 서구는 지난해보다 5,514명이 증가했습니다.

이렇게 자치구별 인구 양극화가 급격히 이뤄지면서, 인구 유입자치구의 경우에는 교육, 교통, 환경문제에 대한 대책마련에 부심하고 있습니다.

광주인구가 감소한다는 것은 그만큼 경제활동이 수도권에 비해서 어렵다는 것을 의미합니다. 광주의 자치구 간에도 인구가 늘어나는 자치구는 교육, 교통 등 새로운 문제에 대한 대비책이 필요하고, 주민이 빠져나가는 자치구들은 인구 유입대책을 세워야 할 때가 온 것 같습니다.

(2003.12.24. 방송)

40. 경기침체, 그리고 비리로 얼룩지다
- 2003결산 편 -

1) 경기침체와 불법 대선자금 등 올 한 해를 돌아보면 어떻습니까?

☞ 벅찬 감동과 희망으로 2003을 맞이했지만, 이 시간에 한 해를 정리한다면, 충격·경악·분노·허탈……, 이런 단어들로 표현하는 것이 적절할 것 같습니다.

자고 나면 터지는 각종 비리로 하루도 조용한 날이 없었고, IMF 때보다 더 어려운 한 해를 보내는 날들이었습니다.

특히 서민들에게는 만져 볼 수도 없는 거금, 150억 원의 현금이 든 트럭이 통째로 전달된 수법, 소위 '차떼기' 수법은 국민들의 입을 다물지 못하게 했습니다. 한나라당이 이 같은 방법으로 대기업들로부터 거둬들인 불법대선자금이 500억 원을 넘는다니 경악할 수밖에 없습니다.

특히, 광주·전남 지역민들의 입장에서는 아무래도 민주당의 분당사태가 아닌가 싶습니다. 95%가 넘는 압도적 지지로 참여정부를

만들어 내는 역할을 했던 광주·전남 지역민들은 여전히 혼란스러
웠습니다.

2) 특히 올해 광주·전남지역은 각종 비리로 얼룩진 한 해였죠?

☞ 네, 사회 각계각층의 비리가 현실로 확인되었습니다.

지난 9월 이 지역 출신 유명 국악인 조상현 씨를 비롯해서, 20～
30여 명의 유명 국악인들이 국악경연대회 입상자로부터 수상 대가
로 금품을 받아 무더기 구속됐습니다.

이들은 각자 적게는 수백만 원에서 많게는 수천만 원에 이르기
까지 경연대회 입상자들에게 돈을 받아 온 것으로 드러났어요.

그리고 지난 8월에는 광주시 송화동 갈보리 복지회 장 모 회장이
소속 원생들의 생계비를 착복하는 등 특정범죄가중처벌법(업무상 횡
령) 혐의로 구속됐습니다. 국민기초생활수급권자로 지정된 원생 95
명에게 지급했던 최저생계비중 4억여 원과 원생들 장제비 1천여 만
원 등을 복지회 운영비로 무단 사용해 온 비리가 있습니다.

이렇게 우리 사회 곳곳에 구조화된 비리가 만연되고 있는 것은
관할 행정기관의 감시와 지도가 소홀한 것도 하나의 원인으로 나
타나고 있습니다. 행정기관이 담당 업무를 충실하고 투명하게 운영
할 필요가 있다는 생각이 듭니다.

3) 전남지역 태풍 피해 복구와 관련해서도 각종 비리가 적발됐죠?

☞ 그렇습니다. 올 한 해 태풍 피해 복구공사와 관련 9명의 공무
원이 사법처리됐습니다. 태풍 피해 복구비를 허위로 부풀린 고흥과

세상보기

신안군청 공무원 5명이 사법처리됐고, 고길호 신안군수가 불구속 기소됐습니다. 또 뇌물 수수 혐의로 기소됐다 보석으로 풀려난 임인철 전 전남도 정무부지사가 최근 법정 구속되기도 했습니다.

여기에다가 직권남용과 허위공문서 작성 등의 혐의로 구속된, 전·현직 담양군 공무원 2명을 포함하면 9명의 공무원이 비리에 연루돼 사법처리되는 수모를 겪게 됐습니다.

특히 태풍 피해 복구비를 부풀리거나 건설업체 관계자로부터 뇌물을 받은 데 이어, 이번에는 재해 대장을 허위로 작성해서, 수해를 입지도 않은 다리를 마치 수해를 입은 것처럼 속여 국가 예산을 편취했다고 합니다.

이처럼 공무원과 건설업자, 심지어 자치 단체장까지 연루된 태풍 피해 복구 비리가 끊이지 않고 있는데 복구비의 정상적 회계처리를 감시할 수 있는 제도적 장치가 마련돼야 할 것입니다.

4) 내년에는 좋은 일만 있으면 좋겠는데요. 그동안 갈등을 겪었던 광주장애인복지관 사태가 정상화됐죠?

☞ 광주시립장애인복지관 위탁운영자로, (사)광주장애인총연합회 (광주장총)가 지난 3일 선정됨에 따라서, 이제 1년 넘게 반목을 거듭해 온 장애인복지관 사태가 해결될 것 같습니다.

150일째 파업을 하고 있는 노조도, 희망찬 새해를 준비하고 있습니다.

노조는 새 위탁운영자에게 사회복지예산 확충, 복지관 민주적 운영, 근로기준법 준수, 학생들과 직원들의 기회교육보장, 비정규직

철폐, 노조활동 보장 등의 요구조건을 제시할 거라고 합니다.

광주장총과 노조는, 새해 1월 2일 오전 시무식 및 첫 상견례를 가질 계획이라고 합니다. 반목과 갈등을 씻고 새해에는 화합의 모습으로 거듭나길 기대합니다.

5) 오늘 각 관공서와 기업들은 종무식을 가졌죠?

☞ 그렇습니다.

광주시도, 광주시 계림동 청사에서 의미 있는 종무식을 가졌습니다. 시는 그동안 종무식 직후 실·국별 다과회를 가져왔지만, 이번에는 신청사 입주를 앞두고 35년 계림동 청사 시대를 마감함에 따라 추억과 다짐, 희망의 종무식을 가졌다는 소식입니다.

6) 지역민들을 대상으로 실시한 여론조사결과 지역민들은 시·도의 현안 가운데 외부 기업의 투자유치를 통한 지역경제 발전을 가장 원하는 것으로 조사됐다면서요?

☞ 네, 광주·전남 시·도민들은 광주시와 전남도 발전을 위해 기업 투자유치에 주력해야 한다고 생각하는 것으로 나타났습니다. 또 이 지역 유권자들은 오는 4·15 총선에서 10명 중 7명이 투표할 예정이고, 지지하는 정당 비율은 민주당이 가장 높은 것으로 드러났습니다.

이 같은 사실은 광주일보가, 전남대 언론홍보연구소(소장 이의정)에 의뢰해서, 광주·전남지역 만 20세 이상 성인 400명을 대상으로, 12월 19~21일 사흘간, 면접방식으로 실시한 '광주·전남 사회

 도무지 세상보기

의식조사' 결과가 밝혀졌습니다.

시민들의 경우 "광주시가 펼치고 있는 각종 현안사업 가운데 집중 투자해야 할 분야"를 묻는 질문에, 전체 응답자의 51.9%가 '기업투자유치'라고 답했습니다. 도민의 경우도 37.2%가 '기업투자유치'라고 답변하고 있습니다. 그래서 지역민들은 지역경제의 발전을 고대하고 있는 것으로 드러났습니다.

7) 새해를 앞두고 조류독감이 한풀 꺾이고 있다는 반가운 소식도 있던데 어떻습니까?

☞ 조류독감 확산세가 한풀 꺾이자, 전남도는 조류독감 피해 농가에 대한 구체적인 지원 대책을 마련해서, 추진하기로 했습니다.

전남도는 조류독감 감염이 확인됐지만, 예방 차원에서 닭, 오리들을 살처분한 24농가에 대한 보상금 산정기준과 생계안정자금 지원 등 지원 대책을 마련했다고 밝혔습니다.

조류독감 최초 발생일인 지난 10일 이전 1주일 평균가격과 살처분 당시 시가를 평가, 농가에 유리한 가격을 기준으로 삼기로 했습니다.

8) 내년 총선을 앞두고 벌써 상대후보 헐뜯기 등 흠집내기식의 선거전이 고개를 들고 있다면서요?

☞ 내년 총선이 100여 일 앞으로 다가온 가운데, 광주·전남 지역 상당수 선거구에서, '헐뜯기식' 선거전이 고개를 들고 있다고 합니다. 특히 이 같은 네거티브 선거전은 유권자들의 정책이나 인

물대결 여망에도 불구하고, 민주당과 열린우리당의 양당체제 재편으로 경쟁이 과열되면서 표출되고 있는데, '일단 이기고 보자'는 식의 각종 부정적 방법이 동원돼서, 부작용마저 우려되고 있습니다.

유권자들은 흑색선전에 넘어가지 않을 같고, 정치인들은 정보화 시대에 맞는 선거 활동을 벌여야 할 것입니다.

9) 올 한 해를 보내면서 마지막으로 하고 싶은 이야기가 있다면 한마디 해 주시죠?

☞ 아무리 어려운 경제 환경이라도 희망을 잃지 않도록 합시다. 새해에는 비리도 없고, 경제도 나아져서 서민들의 웃음이 되살아나면 좋겠습니다.

(2003.12.31. 방송)

41. 유아 영어교육, 과열이다

1) 갈수록 유아교육이 과열양상을 보이고 있다면서요?

☞ 한 달 수강료만 수십만 원에 이르는 유아대상 영어유치원들이 호황을 누리고 있고, 입학 대기 기간만도 1년에 달하는 특정교육시설까지 등장하고 있습니다.

특히 일부 주부들이 경쟁적으로 자신의 자녀를 이런 시설들에 맡기려 해서, 서민들에게 위화감마저 불러일으키고 있습니다.

예를 들면, 광주 북구 A영어유치원의 경우에는 오전 9시 20분부터 4시간 수업을 진행하면서 학원비 39만 원에, 중식비 5만 원을 포함해서, 월 44만 원을 받고 있지만 100여 명의 원생들이 넘쳐나고 있습니다.

득히 고액유치원에다가 영어조기교육 열풍에 만족하지 못한 주부들을 위한 새로운 교육시설이 등장, 조기교육 과열현상을 부채질하고 있습니다.

교육의 효과보다는, 다른 사람이 하니까, 나도 한다는 식이어서, 어떻게 보면 '과외 사치'라고도 볼 수 있는데, 무턱대고 유명유치원을 찾는 것보다는 교육내용과 질을 따져 보는 현명함도 있어야 할 것입니다.

2) 임용고사 응시자격 제한이 폐지되면서 전남지역 현직교사들이 다른 지역으로 빠져나가고 있다면서요?

☞ 타 지역으로 빠져나간 초등교사 대부분이 20~30대의 젊은 교사들이기 때문에, 농어촌 교육의 부실로 이어질 것으로 우려되고 있습니다.

전남도교육청에 따르면, 임용고사 응시 자격 제한 폐지에 따라, 올해 타 시도 임용고사에 응시한 전남지역 현직교사는 400여 명으로, 이 중 70명의 교사가 타 시도 임용고사에 합격, 교사유출이 불가피한 실정입니다.

올해 최대 400여 명의 현직교사가 전남을 떠날 것으로 예상되고 있습니다. 또 현직교사들이 타 지역 임용고사 시험공부를 위해서, 수업지도를 소홀히 하는 부작용도 우려되고 있습니다.

전남의 교육환경에 맞게, 교원양성체제를 좀 더 다양화할 필요가 있다고 생각합니다.

3) 민주당의 공천방법을 놓고 개혁을 요구하는 소리가 높아지고 있죠?

☞ 현역의원과의 경선이 펼쳐질 것으로 예상되는 지역을 중심으로, 이런 목소리가 높아지고 있습니다. 그래서 최인기 전 행자부장관(나주시)과 박준영 전 청와대공보수석(장흥·영암), 조순용 전 청와대정무수석(순천시), 정은섭 변호사(여수시), 구해우 평화개혁포럼 대표(광주 동구) 등은 어제(13일) 중앙당사에서 기자회견을 갖고 민주당의 공천개혁을 요구했습니다.

이른바 개혁공천연대를 구성한 이들은 회견에서, "국민의 뜻을

 세상보기

가장 정확히 반영할 수 있는 개혁공천 방안은, 전 유권자를 대상으로 하는 여론조사 방법뿐이다.”고 주장했습니다. 또 “경선을 위한 지구당 선거관리위원회 구성은, 경선참여자 후보들이 서로 협의해 구성해야 한다.”라는 주장을 하고 있습니다. 민주당이 얼마나 투명하고 민주적인 경선방법을 선택할지가 주목됩니다.

4) 대한올림픽위원회가 2010년 제16회 아시아경기대회를 유치키로 하고 광주시 체육회에 공문으로 개최 여부를 통보했지만 시 체육회가 광주시와 아무런 협의도 않은 채 독단으로 포기한 것으로 드러나 최근 물의를 빚고 있죠?

☞ 그렇습니다. 2010년 아시안게임은 광주민중항쟁 30주년이자 '국립 광주 아시아문화전당'이 개관하는 연도에 열린데다, 지역발전을 획기적으로 도모할 수 있는 '빅 이벤트'인데도 시체육회가 자체 폐기한 것으로 확인돼, 지역발전의 기회를 스스로 내팽개쳤다는 비난이 일고 있습니다.

대한올림픽위원회(KOC)는 전국 16개 시·도 체육회에 공문을 보내, “아시아경기대회 유치를 희망하는 체육회는 시(또는 도)와 협의를 거쳐 12월 15일까지 유치 여부를 통보해 달라”고 요청했습니다. 그런네 시 체육회는 이 같은 내용의 공문을 접수하고, 공문에 명시된 광주시와 협의도 하지 않은 채 자체 논의를 거쳐 '유치 포기 결정'을 내렸다는 것입니다.

광주시의 발전을 도모할 수 있는 귀중한 행사를, 이렇게 쉽게 팽개친 처사는 이해가 되지 않는데, 이것은 광주시정과 주요행사에 의사결정과정에서, 시민들이 배제되고 있는 단적인 예라고 볼 수 있는 부분입니다.

시민들의 의사가 적극적으로 수렴될 수 있는 장치가 마련되어야 할 것입니다.

5) 영광출신 이현조 씨가 남극점을 정복했다는 반가운 소식이 있죠?

☞ 어제 오전 11시(이하 한국시각) 남극점을 밟는 데 성공했습니다.

영광 출신 이현조(32, 전남대 OB산악회) 씨 등 5명의 남극원정대는, 지난해 11월 30일 남극대륙 허큘리스해안을 출발해 걷거나 스키를 신고, 44일 만에 정복을 했습니다.

한국인 원정대가 남극점에 도달한 것은 지난 94년과 97년 허영호 대장이 이끄는 원정대에 이어서, 이번이 세 번째입니다.

오랜만에 희망적인 소식입니다. 이런 원정 성공소식이 실의에 빠진 국민들에게 희망을 주고, 도전의식을 심어 주었으면 좋겠습니다.

(2004.01.14. 방송)

42. 광주공항, 찾는 관광객 없다

1) 광주시는 기아자동차가 평동 산업단지 내 공장용지를 매입해 놓고도 10여 년간 착공하지 못했던 공장용지의 분할매각을 허용했다면서요?

☞ 그렇습니다. 광주시는 기아자동차가 공장 증설용으로 광주시

 세상보기

로부터 분양받아 보유하고 있는 평동산단 내 공장용지와 관련 총 10만 평의 부지 가운데, 1만 2,000평을 완성차 물류단지로 조성할 수 있도록 허용했다고 밝혔습니다.

시의 이 같은 방침은 산업단지 내 부지에 공장을 짓지 않으면 부지 자체를 매각할 수 없도록 했던 관련 규정이, 지난해 7월부터는 전체 부지 면적의 10%만 공장을 지으면 나머지 부지를 매각할 수 있도록 개정된 데 따른 것입니다.

기아자동차는 이 부지에 창원 등지에 산재해 있는 기아·현대자동차 부품제조업체들을 적극 유치한다는 방침이라는 겁니다.

그래서 대규모로 차 부품단지가 조성될 수 있을 것 같은데, 아무쪼록 지역경제가 되살아나길 기대합니다.

2) 박태영 전남도지사의 열린우리당 입당설이 모락모락 나오고 있는데 어떻게 된 겁니까?

☞ 민주당 김경재 상임중앙위원의 발언과 함께 정치권에서는 박 지사의 열린우리당 입당설이 급부상하고 있습니다.

김경재 위원은 어제(14일) 기자간담회를 갖고 "박 지사가 조만간 열린우리당에 입당할 것으로 알고 있다."면서, "열린우리당은 박 지사를 입당시켜 상임중앙위원에 임명, 김혁규 전 경남지사와 함께 영호남의 쌍두마차 역할을 하도록 하겠다는 전략을 갖고 있다."고 말했습니다.

그렇지만 박 지사는 "정치권 사람들을 만난 적이 없다. 올해는 전남경제를 살리자는 도정목표를 현실화해야 할 시기인데 다른 데 신경 쓸 틈이 없다.”며 입당설을 부인했습니다.

아니 땐 굴뚝에 연기 날 리가 없을 것 같은데, 박지사 본인은 부인하고 있지만 입당이 현실화될 때에는 총선에도 많은 영향을 줄 것 같습니다.

3) 광주공항이 잇따라 국제선을 신설했지만 광주·전남 지역을 찾는 관광객은 없고 내국인들만 해외로 빠져나가고 있다면서요?

☞ 내국인들의 외국관광용으로 전락해서, 관광수지적자만 부추기고 있다는 지적입니다. 특히 광주·전남 지역 지방자치 단체들은 지역 관광 인프라 부족 탓만 하면서, 외국인 유치에 나서지 못하고 있습니다. 여행사들도 지역관광 상품을 개발·판매하기보다는 내국인들에게 해외관광 상품을 판매하는 데만 열중하고 있다고 합니다.

광주출입국관리사무소에 따르면, 지난해 12월부터 이달 11일까지, 광주공항을 이용한 출입국자 5,520명 중, 외국인은 고작 250명(4.53%)뿐이었고, 내국인은 95.47%(5천270명)이었다고 합니다.

지방자치 단체가 현지 관광설명회 등을 통해서 외국관광객 수요를 만들어 내야 할 것입니다. 또 여행업체도 지역관광 상품을 개발해서, 외국인이 찾도록 해야 할 것입니다.

4) 여성노동자회 상담결과 광주지역 산업현장에서의 여성 차별이 심각하다면서요?

☞ 그렇습니다. 광주여성노동자회 고용평등상담실이 지난 한 해 동안의 상담 내용을 분석한 자료에 따르면, 고용관련 상담이 전체

 전라도 세상보기

의 41%로 가장 많았고, 성차별(27%)과 모성보호(19%)가 뒤를 이었습니다.

특히 성차별 상담은 지난 3년여 동안 32%가 증가했고, 모성보호 관련도 22%나 증가한 것으로 나타났습니다.

관련 법률규정에도 불구하고, 아직도 남녀평등이나 모성보호가 제도적으로 정착되지 않고 있다는 것입니다. 결혼이나 임신·출산 등으로 인한 해고를 당하고, 임금이나 승진에서도 차별을 당하는 것으로 나타났습니다.

이렇게 차별이나, 고용불안이 개선되기 위해서는 사업주들의 생각이 바뀌어야 하고 근로기준법 등 각종 법률상의 규정이 실제로 사업장에서 지켜지도록 노동부의 감독도 강화되어야 할 것입니다.

5) 광주지역 노인들의 종합레져테마파크가 될 광주 실버타운 조성계획이 발표가 됐죠?

☞ 광주시는 어제 '노인건강문화타운' 조성을 위한 기본계획자문회의를 갖고, 남구 노대동 광주대 뒤편 13만 4,915평에 건설할, 노인타운 도입시설 및 배치계획을 밝혔습니다.

총 조성비 408억 원이 투입되는데 이 사업은 노인들의 건강과 여가, 취미생활을 돕는 복지기능과 정보문화기능, 건강단련, 향수기능, 요양 및 주거기능을 갖춘 복합형 실버타운으로 조성됩니다.

광주시는 오는 2월 말까지 타당성조사와 환경성 검토를 거쳐, 3월 기본 및 실시설계에 착수, 개발제한구역 해제와 교통영향평가, 지방재해영향평가, 문화재지표조사 등을 거친 뒤, 올 12월 공사에 착공할 계획이라고 합니다.

노인인구가 증가하고 있는 현실에서, 꼭 필요한 시설이라고 생각합니다.

앞으로 실버타운이 광주에 들어서게 되면, 지역 노인복지가 새롭게 발전하는 계기가 될 것 같습니다.

(2004.01.15. 방송)

43. 바다에 기름이 유출되다

1) 무등일보와 한 언론사가 공동 실시한 여론조사결과 열린우리당의 지지율이 상승곡선을 그리고 있다면서요?

☞ 17대 총선을 80여 일 앞두고 있는 가운데 광주·전남 지역에서는 정동영 의장 체제가 출범한 이후에 열린우리당의 지지율이 상승곡선을 그리고 있는 것으로 나타났습니다.

이것은 지난해 11월 말 여론조사 결과와 비교해 볼 때, 민주당의 지지도가 7.3% 포인트 하락한데 반해서, 우리당의 지지율은 6.5% 포인트 상승한 것입니다.

특히 지난 두 달간 '차떼기'로 대표되는 정치권의 불법 대선자금 수사, 민주당과 우리당 새 지도부 구성, 현역 국회의원 구속 등의 정국상황과 맞물려서 정당 지지율에 변화를 가져온 것으로 분석되고 있습니다.

지난 11일 정동영 의장을 선출한 전당대회를 전후해 가파른 상승곡선을 그린 것은 민주당의 지지세가 우리당으로 옮겨 간 것으로 분석되고 있습니다.

이번 여론조사는 무등일보와 한 방송사(광주MBC)가 공동으로, 여론조사 전문기관인 (주)정보리서치에 의뢰해서, 광주·전남 지역에 거주하는 20세 이상, 성인남녀 1천 명을 대상으로, 지난 15일부터 17일까지 3일간 실시됐다. 이번 조사는 95% 신뢰수준에서 오차한계는 ±3.1% 포인트입니다.

2) 소비심리 위축으로 설 연휴 현금수요가 크게 줄었다면서요?

☞ 그렇습니다. 한국은행 광주·전남본부가 발표한 '광주·전남 지역 설 자금 발행동향'에 따르면, 지난 7일부터 20일까지, 설 전 10영업일 동안 광주·전남 지역에 공급된 설 자금(순발행액 기준)은, 3천 307억 원으로, 지난해에 비해 507억 원(13.3%)이 감소한 것으로 조사됐습니다.

권종별로는 1만 원권은 전체 화폐공급량의 90.4%를 차지(2,989억 원)했습니다. 5,000원권은 5.5%(182억 원), 1천 원권은 4.0%(132억 원)를 각각 차지한 것으로 나타났습니다.

지난해 설과 비교해보면, 1만 원권의 경우 1.8% 포인트 감소한 반면에, 5,000원권과 1,000원권은 각각 1.1%와 0.7%씩 늘어났습니다. 아무래도 설날 세뱃돈으로는 1만 원권보다는, 5,000원권이나 1,000원권 등 소액권이 인기가 있을 것 같습니다.

3) 최근 대학가를 중심으로 총선 부재자 투표소 설치운동이 활발하다
   면서요?

☞ 그렇습니다. 광주·전남지역 대학을 비롯해서, 전국 대학 총
학생회가 지난 대선 때 '부재자 투표소'를 설치했습니다. 올 17대
총선에도 '부재자 투표소'를 적극적으로 도입하겠다는 것입니다.

그래서 각 대학에 부재자 투표소가 설치될 경우에는, 60만 명으
로 추산되는 대학생 유권자의 입김이 더욱 거세질 것 같습니다.

이에 대해 선관위는 일단 긍정적인 입장을 보인 것으로 알려졌
습니다.

올 총선의 부재자 신고기간은 3월 24~28일이고, 부재자 투표는
4월 8~10일 사흘 간 실시됩니다.

4) 여수바다에 기름유출 사고가 발생했다면서요?

☞ 어제 오전 10시께 여수시 봉산동 수산업 협동조합에서 운영
하는 선박용 유류 저장 탱크 관로에서 다량의 기름이 해상으로 유
출됐습니다. 이 사고로 인근 해역의 가두리 양식장이 흘러든 기름
에 오염돼, 양식어류가 폐사하는 등 피해가 확산되고 있습니다.

사고가 발생하자 여수 수협과 해경, 여수시 등 관계 기관들은 해
경 방제선과 오일펜스를 치고 유류 확산을 막고 있는데 현재 정확
한 유출량과 사고 원인을 파악할 수 없지만, 수협에서 어민들에게
면세유를 공급하는 기름 저장소의 지하 관로가 노후돼서 기름이
새고 있는 것으로 경찰은 파악하고 있습니다.

기름이 유출되지 않도록 사전에 충분히 대비하는 것이 중요하다

 세상보기

고 생각하고, 해상 오염 피해가 최소화될 수 있도록 관계 당국에서, 신속한 대책을 세워야 할 것입니다.

5) 농가에 지원되고 있는 국고보조금 수십억을 영농조합법인 대표가 수령해 물의를 빚고 있죠?

☞ 농업 및 산촌개발사업 일환으로 농가에 무상 지원되고 있는 국고보조금 수십억 원을 부정한 방법으로 수령해서 사용한 영농법인 대표와 농민 등 30명이 검찰에 적발됐습니다.

광주지검 장흥지청은, 20일 장흥 S영농조합 대표 홍 모 씨(37)와 같은 조합 이사 이 모 씨(31) 등 2명을 '특정경제가중처벌법상 사기' 등의 혐의로 구속했습니다. 또 영농조합 대표 김 모 씨(38)와 박 모 씨(48)를 비롯한 28명을 보조금 예산 및 관리에 관한 법률위반 혐의로 불구속 입건했습니다.

검찰에 따르면, 홍 씨 등은 표고버섯을 재배하는 S영농조합을 운영한다면서, 지난 99년 11억 원의 국고보조금을 허위로 수령한 뒤에, 사업장을 탐진댐 건설로 인한 수몰간접 피해지역으로 꾸며 또다시 보상금 9억 원을 타내 편취한 혐의입니다.

또 영농조합 대표 박 씨 등 2명은 장흥군에 의해 표고균사재배 사업자로 선정돼 18억 원의 사업비를 지급받은 뒤에, 자부담 7억 원을 지출한 것처럼 꾸며서, 국고보조금 6억 4,000만 원을 부정 수령한 것으로 드러났습니다. 이렇게, 허위서류를 작성해 보상금을 받는 것도 큰 문제입니다.

국고보조금이 세지 않도록, 관계기관의 사후감독도 철저히 해야 할 것입니다. 또 공무원들과의 유착관계가 있다면, 이에 대한 부분도 철저히 수사해야 할 것입니다.

(2004.01.21. 방송)

44. 총선후보, 청문회를 도입하다

1) 민주당 광주 북을 지구당이 총선 후보선정 과정에 청문회를 거쳐 후보를 선출할 예정이라면서요?

☞ 그렇습니다. 민주당 공직후보심사특위는, 광주 '북을' 지역에 대해서, 심사위원들이 직접 공개청문회를 실시한 뒤에, 여론조사를 통해 공천자를 최종 확정하기로 했습니다.

공개 청문회는 인터넷으로 생중계되는 가운데, 후보들이 공직후보자심사위원회 위원들에게 직접 자신의 자질과 능력 등을 검증받는 방식으로, 진행될 예정입니다. 당 지도부는 공개 청문회의 검증과정을 통해 후보들의 인지도와 지지도가 상승하고, 국민들의 관심도 올라가는 효과를 얻을 것으로 기대하고 있습니다.

그렇지만 광주 서구와 동구는 각각 경선 대상자 확정을 보류했는데, 나머지 광주 남구와 북갑, 광산 지역구는 이번에 공모를 한 신청자들을 대상으로 청문회 없이, 경선 또는 여론조사를 통해 공천자를 확정하기로 했습니다.

이렇게 총선 후보 선정과정에 공개청문회를 도입하고 여론조사를 통해서 후보를 결정하는 것은 아주 획기적인 일인데, 상향식 공천을 통해서, 우리 정치에 발전을 가져오고, 또 유권자들이 정치에 대해 무관심하지 않고, 선거에 관심을 가져서 꼭 필요한 일꾼이 뽑아지도록 노력해야 할 것입니다.

2) 이번 설 연휴 기간에 농수산물 특산품판매에 있어서 전남지역 정보화마을의 판매실적이 높았다면서요?

☞ 전국 정보화마을을 대상으로 실시한 농수산 특산품 설 판촉 이벤트에서, 전남의 정보화마을들이 판매액에서 1~3위를 휩쓸었습니다.

전남도에 따르면, 지난 5일부터 18일까지 전국 103개 마을 222개 특산품이 참여한 설 판촉 이벤트에서 전남은 9개 마을 41개 특산품을 출품했습니다. 그래서 나주 배꽃마을, 영광 굴비마을, 영암 신북 과수원마을이 판매액 기준 1, 2, 3위를 차지했고, 광양 백학동마을은 9위를 기록했습니다.

판매액도 대단히 많습니다. 나주 배가 1억 원, 영광 굴비가 7,000만 원, 영암배가 3,000만 원, 광양 곶감과 밤이 1,300만 원어치를 기록했습니다.

이렇게 전자상거래를 통해서 생산자와 현지 직거래를 해서 싸고 신선한 특산품을 구매할 수 있는 장점이 있습니다. 농촌이 이렇게 전자상거래가 확대된다면 생산자와 소비자가 직접 거래하기 때문에 소비자는 싸고 신선한 농산물을 구입하고 생산자도 중간도매상을 거치지 않아서, 높은 가격을 받을 수 있기 때문에, 생산자와 소비자 양쪽 모두에게 이익이 되는 것 같습니다. 아무쪼록 농수산물

수입개방에도 대비해서, 이런 전자상거래가 확대되면 좋겠습니다.

3) 지방공항에서 앞으로 경비행기를 운항하는 방안이 추진될 전망이라면서요?

☞ 오는 2006년 완공되는 무안공항을 비롯해서, 울진, 김제공항 등 새로 건설되는 지방공항에 80인승 이하의 경비행기를 운항하는 방안이 추진됩니다.

또 인천～지방, 제주～지방 등의 형태로 권역별 중추공항과, 항공서비스가 취약한 지역을 잇는 방식으로 경비행기 운항을 적극 확대하는 방안도 검토되고 있습니다.

항공사가 취항을 꺼리거나, 대형 항공기가 취항하지 않는 지역을 중심으로, 경비행기를 운항하는 방안이 추진되고 있습니다.

이제 경비행기 시대가 열릴 것 같습니다. 무안공항이 개항 이후에 애물단지로 전락하지나 않을까 하는 우려도 있었던 것이 사실인데, 앞으로 완공될 무안공항이, 경비행기 수요가 있다면, 활성화될 것 같다는 생각이 듭니다. 건설당국도 앞으로 다양한 항공수요에 대처할 수 있는 대책도 세워야 할 것입니다.

4) 광양만권 경제구역청의 규모와 정원이 당초 예정보다 대폭 축소됐다면서요?

☞ 그렇습니다. 전남도는 "행정자치부에 승인 요청한 광양만권 경제자유구역청 직제가 2개 본부 3개부 3개 팀 18개 담당으로 승인됐다."고 밝혔습니다.

 무도
세상보기

정원은 1급 1명(청장)과 3급 2명, 4급 6명, 5급 20명, 6급 39명, 7급 이하 90명 등 모두 158명이다. 기구는 청장 아래에, 투자유치본부 등 2개 본부, 기획총무부 등 3개 부, 투자정책 팀 등 3개 팀으로 구성됩니다.

그런데 이 같은 직제 규모는 전남도가 당초 승인을 요청한 3개국 13개과 52개 담당 269명과 비교할 때 크게 줄어든 것입니다.

특히 전남도 산하 율촌산단사업소 11명과 광양만권 경제자유구역청추진기획단 12명, 시 군15명 등에서 이체 인력 38명을 제외하면 전남도 정원의 순 증가분은 120명에 불과합니다. 이것은 당초에 예상했던 250명과는 차이가 있어서, 정기 인사의 폭도 그만큼 줄게 됐습니다.

그렇지만 120명의 정원이 증가한다는 것은 공무원사회에 인사적체가 어느 정도는 해소될 것 같은데 무엇보다도 앞으로 단행될 인사에 잡음이 없도록 공정성과 투명성이 확보되어야 할 것입니다.

5) 설 연휴 폭설 · 한파 피해가 우리 지역에서 잇따랐죠?

☞ 설 연휴 동안 기습 한파로 광주 · 전남 지역에서도 피해가 있었습니다.

양식장 어류가 떼죽음을 했습니다. 또, 수도관과 보일러가 동파되는 사고 등 각종 피해가 발생했습니다.

특히 많은 눈을 동반한 기습한파로 연일 기상특보가 발효되면서, 전남도 내 섬 지역을 찾은 귀성객들이 큰 불편을 겪었습니다.

광주시 상수도사업본부에 따르면 한파가 시작된 지난 21일부터

24일 사이에 수도계량기 동파사고는 광주시내에서만 모두 164건이 발생했고, 수도관 누수와 계량기 파손 등 각종 상수도피해접수 건수는 모두 326건에 달하는 것으로 집계됐습니다.

전남지역에서도, 여수지역 152건을 비롯하여 모두 576건의 상수도 동파사고가 접수됐습니다.

또 지난 21~22일 사이에, 신안군 지도읍의 한 양식장에서는, 숭어 4만 5,000마리가 집단 폐사하기도 했습니다.

아직 겨울이 끝난 것이 아니기 때문에, 기습 한파로 인한 양식장이나, 시설 하우스에 대한 관리를 철저히 해야 할 것입니다. 또 농정당국에서도 이런 한파에 대비해서, 보온덮개나 난방기구를 활용할 수 있도록 적절한 지도를 해야 할 것입니다.

(2004.01.26. 방송)

제10장 지역발전 대책이 필요하다

45. 고령사회 진입, 대책 있나?

1) 전남지역이 전국에서는 처음으로 고령사회에[2] 진입해 노인복지대책이 시급한 것으로 나타났죠?

☞ 그렇습니다. 전남도내 65세 이상 노인인구 비율이 14.1%에 달해 전국 최초로 '고령사회'에 진입한 것으로 공식 확인됐습니다.

전남도가 발표한 '2003년 말 주민등록 인구통계'에 따르면, 지난해 말 현재 전남 인구 202만 4,422명 가운데 65세 이상 노인인구는 28만 4,670명으로 전체의 14.06%를 차지했습니다.

특히 9개 군지역은 '초고령사회'에 접어든 것으로 조사됐습니다. 노인비율은 곡성 23.3%를 비롯해서 고흥, 보성, 함평, 장흥, 강진, 진도, 구례 등이 65세 이상 인구비율이 20%를 넘어섰습니다.

노인문제는 국가와 지방자치 단체가 함께 고민해야 할 문제인데, 전남지역이 전국에서 처음으로 고령사회로 진입한 만큼 노인복지에 대한 대책이 시급할 것 같습니다. 그래서 하루빨리 체계적인 노인복지대책을 세워야 하고, 또 '농도'라는 특성에 맞게 노인들이 적절한 소득을 얻고 생애보람을 느낄 수 있는 프로그램이 제시되

---

2) UN은 65세 이상 노인비율이 7% 이상~14% 미만일 경우 고령화사회, 14% 이상~20% 미만은 고령사회, 20% 이상은 초고령사회로 각각 분류하고 있다.

어야 할 것입니다.

2) 전라남도가 정기인사를 앞두고 한차례 진통이 예상되고 있죠?

☞ 광양만권 경제자유구역청의 직제와 정원이, 당초보다 대폭 축소돼 그만큼 인사 폭이 줄어들게 된데다 45년생 연령대기에 반발해서, 시·군 인사교류 마찰 등으로 진통이 불가피하게 됐기 때문입니다.

전남도는 행정자치부가 최근 광양만권 경제자유구역청 직제를 승인함에 따라 조만간 개방형직위인 청장 공모에 나서는 한편, 2월 중 정기인사를 단행할 예정입니다.

그러나 행자부로부터 승인된 광양만권 경제자유구역청의 직제와 인력이 2본부 3부 3팀 18담당에 158명으로, 당초 도가 269명에 비해 크게 줄었습니다. 그나마 도산하 율촌산단사업소(11명)와 경제자유구역청 추진기획단(12명) 등 이체인력 38명을 제외하면, 전남도 정원의 순증가분은 120명에 불과합니다.

또 일반직 공무원의 신규 인사요인은 70명 선에 그칠 전망입니다.

이에 따라 승진폭도 크게 줄어 3급 2명, 4급 10명 이내, 5급 20명 이내에 그치고, 전체 인사이동폭도 당초 기대보다 줄어든 300~400명 선이 될 것으로 보입니다.

그래서 도청 한 공무원은 인터넷 홈페이지에 올린 글을 통해 "일반직 공무원의 순수한 증원요인은 겨우 과단위 하나 늘어난 정도다."라면서, "당초 기대에 비하면 '속빈강정'이어서 직원들이 울상이다."고 밝히고 있습니다.

 공무원 세상보기

지금 청년들은 취업을 못해서 울상이고, 공무원들은 인사적체 때문에 울상이라고 하니, 인사권자의 마음은 어떨지 궁금합니다.

인사에 대한 공무원들의 반발이 생기지 않도록 공정한 인사를 해야 할 것이고, 또 인사시스템을 개선해서 능력 있는 공무원이 충분한 보상을 받도록 해야 할 것입니다.

3) 총선으로 인해 지역현안사업 추진에 어려움이 있다면서요?

☞ 그렇습니다. 26일 광주 · 전남 양 자치 단체에 따르면 지방투자 활성화를 위해 도입하기로 한 '지역특화발전특구'가 법제정 지연으로 시행시기가 불투명하고 공공기관 이전 시기도 자꾸 뒤로 밀쳐지고 있습니다.

정부는 '지역특화발전특구'와 관련된 법 개정이 지난해 보류돼, 오는 2월 임시국회에서 처리키로 했으나, 총선이 임박해지면서 개원 여부마저 불투명함에 따라 새로 국회가 개원되는 7월 이후로 늦춰질 수밖에 없습니다.

현재 지역발전특구와 관련해 광주시 5개 기초 단체는 17곳을, 전남도는 55곳을 각각 예비 신청해 놓은 상태입니다. 또 수도권에 집중 배치된 공공기관의 지방 이전도 총선에 발목을 잡혀 정부가 이전 시기를 뒤로 미루고 있습니다.

그리고 지역혁신발전 5개년계획도 정부의 명확한 지침이 없는 상황에서 추진되고 있습니다.

광주시와 전남도는, 국가균형발전 5개년계획수립에 반영될, 시 · 도 지역혁신발전 5개년계획을 광주 · 전남 지역혁신협의회의 심의를 거쳐 2월 말까지 산업자원부에 제출할 계획입니다. 그렇지만 지역발전 청사진을 심의할, 광주전남지역혁신협의회 구성도 지연되고 시간이 빠듯해 졸속심의가 불가피할 전망입니다.

이렇게 되다가는 지역 현안사업이 끝내 성과를 거둘 수도 없는 상황이 올 수 있습니다. 그래서 광주시와 전라남도 등 지방자치 단체가 정부와 보다 세밀하게 지역현안을 논의하고 계획을 세워서 추진해야 할 것입니다.

4) 무등산 입목도 조작논란이 법정싸움으로 비화될 전망이죠?

☞ 그렇습니다. 무등산보호 단체협의회(이하 무보협)에 의하면, "입목도 조사와 관련해 부실조사와 함께 내용을 허위로 조작한 산림조합을 이번 주 중 검찰에 고발할 계획"이라고 합니다. 또 "부실하게 조사된 내용으로 아파트 신축사업을 인허가 해 준 동구청도 향후 명확한 조치를 취하지 않을 경우, 권한남용을 적용해 부패방지위원회에 고발할 방침이다."고 말했습니다. 이에 대해 대주건설 관계자는 "현재 공사를 재개한다는 방침에는 변함이 없다."고 밝히고, "이미 허가가 난 사항인 만큼, 공사를 다시 시작하는 부분은 하자가 없다."고 주장하고 있습니다.

환경 단체와 건설업체 간에 싸움에, 산림조합, 동구청 등도 연관돼서 정말 볼썽사나운 모습을 보이고 있습니다. 입목도가 조작되었다는 것이 밝혀진 이상, 허가를 내준 구청, 건설업체 등이 종전의 입장에서 변화가 있어야 할 것이고, 동구청의 향후 입장이 중요하고, 건설업체가 이해관계만을 추구할 것이 아니라, 서로 양보하는 모습이 있어야 할 것 같습니다.

5) 중고시장도 최악의 불경기를 겪고 있다면서요?

☞ 그렇습니다. 경기침체 여파로, 서민들이 중고제품을 선호할 것이라는 예상과는 달리, 중고제품 구매를 포기하고 있어서, 중고 가전·가구 시장이 꽁꽁 얼어붙고 있다고 합니다.

관련업계에 따르면, 현재 광주지역에는 200여 개에 달하는, 중·소형 중고 가전·가구 매장이 영업 중이나, 이 가운데 20여 개를 제외하고는, 매달 수십만 원에서 100여 만 원의 적자를 기록 중입니다.

특히 천변을 끼고 있는 소규모 매장들은, 이미 대다수가 폐업한 상태고, 대학가 인근 및 양동인근 지역 매장들도 매출이 지난해 말보다 최고 50% 이상 줄어든 것으로 나타났습니다.

중고용품업계가 혹독한 경기침체에 놓여 있는데, 이러한 어려움은 당분간 지속될 전망이라고 합니다. 중고매장의 여건이 어렵지만 조금만 인내하면서 경제위기를 넘겨야 하겠습니다.

동이 틀 무렵이 가장 어둡다는 말도 있는데 결코 용기를 잃지 않았으면 좋겠습니다.

(2004.01.27. 방송)

46. 장애학생, 교육지원 대책을 세워라

1) 1대1 인사 교류를 둘러싸고 전라남도와 일선 시·군 공무원 간 갈등이 커지고 있다면서요?

☞ 그렇습니다. 전국공무원노조(전공노) 전남본부 소속 일선 시·군이 1대1 교류에 대해 물리적 저지를 밝히고 있는 가운데, 전남도가 '시행 중인 교류 원칙고수' 입장을 재확인한데다, 도청 직장협의회도 여기에 가세했습니다.

도청 직장협의회는, 3일 오후 기자회견을 갖고, "1대1 교류를 시행하되 이를 거부한 시·군과는 인사교류를 하지 않겠다."고, "전공노가 주장하는 부시장·부군수 등 부단체장의 시·군 자체 임용 주장은 법적 문제와 겹쳐 전공노가 제기할 사안이 아니다."고 말했습니다.

전라남도 역시 강경한 방침을 천명했습니다.

전남도 관계자는 "인사문제는 노조와 협의하는 것이 아니라 시장·군수와 협의할 사안이다."며 1대1 교류 고수 입장을 밝혔습니다.

그러나 공무원노조 전남지역본부 회원 50여 명은, 이에 앞서 전남도청 앞에서 집회를 갖고 1대1 교류인사 전면 중단 등을 촉구했습니다. 이들은 △지난 99년 체결한 불평등 인사교류 협약 무효화 △도 출신 사무관(5급) 원대복귀 △부단체장 시·군 자체 임용 △도－노조 간 상설협의체 구성 등을 주장했습니다.

자칫 공무원 내에서의 밥그릇싸움으로 비출 수도 있는 사안인데, 폐쇄적인 인사보다는 좀 더 개방적인 인사시스템을 갖추어야 할

 세상보기

거라고 생각합니다. 그리고 인사의 투명성이 보장되고 능력 있는 사람이 승진할 수 있는 길이 마련되어야 할 것입니다.

2) 광주·전남지역 대학들이 장애학생에 대한 교육지원이 극히 저조한 것으로 나타났다면서요?

☞ 광주·전남 지역 4년제 대학의 장애 학생에 대한 교육복지 지원이 낙제점 수준인 것으로 나타났습니다. 그래서 학습권 보장 및 시설 개선이 절실한 것으로 나타났습니다. 특히 3개 영역별 평가 항목 중, '우수' 판정을 받은 대학은 단 2개 교에 그쳐서, 지역 대학의 열악한 교육 환경을 드러냈습니다.

교육인적자원부는 지난해 8~12월 총 208개 4년제 대학 가운데 자체 평가 보고서를 제출한 186개 대학을 대상으로, 장애학생 교육복지 지원 실태를, 서면 및 현장 방문 평가한 결과, 대다수 광주·전남 지역 대학을 포함해 모두 139개 대학(75%)이 종합 점수에서 '개선요망' 평가를 받았다고 3일 밝혔습니다.

선발(4점), 교수·학습(31점), 시설·설비(65점) 등 3개 분야에 걸쳐 100점 만점으로 실시된 평가에서, 전남대와 호남대, 동신대, 광주대, 광주교대 등 나머지 대학은 '개선요망'(65점 미만) 평가를 받았습니다. 심지어 조선대와 광주여대 등 일부 대학은 자체 평가 보고서조차 제출하지 않은 것으로 밝혀졌습니다. 그래서 우리 지역 모든 대학들이 장애학생들에 대한 배려가 매우 부족한 것으로 나타났습니다.

장애 학생들도 학습권이 침해되지 않도록 학교 측의 따뜻한 배려와 함께 시설투자가 있어야 할 것이고, 장애인 이용시설을 갖춘 대학에 대해서는 일정한 혜택이 돌아가도록 해야 할 것입니다. 또 정부가 나서서 이런 장애인 복지시설에 대한 예산이 확보되도록 해야 할 것입니다.

3) 일부 학교가 취학대상자에 대한 면접을 실시했는데요. 취학유예 신청을 하는 학부모들이 많다는데 어찌된 일입니까?

☞ 신체발육 저하에 따른 '왕따' 기피현상과 조기 사교육 영향으로 초등학교 취학유예 신청자들이 해마다 늘면서 급기야 학급정원을 채우지 못하는 일선학교가 등장하고 있습니다.

이에 따라 해당 학교들은 취학유예 신청자들을 다시 불러 발육상태 및 학습능력 테스트 등 정밀 면접을 통해 취학을 유도하고 있으며, 학부모들이 이에 응하지 않을 경우 사상 처음으로 학교장 재량에 의한 강제취학도 실시할 계획입니다.

광주시 남구 한 초등학교는, 지난달 28일 실시한 1차 면접 때 관내 취학대상자 100여 명 중 20여 명 가량이 입학을 늦추기 위해 취학유예 신청서를 내는 바람에, 1학년 학급이 3학급에서 2학급으로 줄어들 형편에 처해서, 2차 정밀 면접을 실시하기도 했습니다.

현행 「초·중등교육법」에는 의무교육대상인 초등학교 신입생의 경우 학부모가 진단서와 유치원 의견서 등 증빙서류를 첨부해 취학유예 신청을 할 수 있지만 취학 결정은 학교장이 결정하도록 하고 있습니다.

취학연령이 되었을 때, 취학을 해야지 일선학교에서 어느 정도

 모두의
세상보기

예측 가능한 교육을 펼칠 수 있을 텐데 자기 자식만을 생각해서 취학유예를 신청한다면 너무 이기적인 생각인 것 같습니다.

학부모 측은 사교육비용이 나가서 손해고, 학교 측은 정원에 미달해서 학교시설을 놀려서 손해가 되고, 그래서 사회적인 비용도 증가해서 결국 학부모와 학생, 학교 모두가 손해가 될 것 같습니다. 학부모들이 자녀들을 제때에 취학시키는 것이 좋을 듯싶습니다.

4) 축산물가공업체들이 무더기 적발됐다면서요?

☞ 네, 도축관련 시설을 제대로 관리하지 않고, 각종 축산물을 처리해 오던 전남도 내 축산물 가공업체들이 무더기 적발됐습니다.

전남도는 지난해 7월부터 소와 돼지, 닭, 도축장에 '축산물 위해요소중점관리기준(HACCP)'이 의무 적용됨에 따라 확인서를 발급받지 못한 도축장 5곳과, 축산물 가공공장 등 84개 업소에 대해 시설 및 위생 점검을 벌인 결과 34개 위반업소를 적발했다고 밝혔습니다.

그래서 도는 사안에 따라 영업정지와 과태료부과 조치를 내리고, 일부는 허가를 취소했습니다.

요즘 축산물에 대한 각종 질병이 생겨나고 있는데 도축관련 시설마저도 이렇게 위생관리가 허술하다면, 시민들의 불안이 가중될 것입니다.

관계당국의 점검과 행정지도가 강화되어야 할 것이고, 가공업체들도 자신들이 먹었을 때 꺼림직하지 않는 가공을 하고, 소비자들의 건강을 책임진다는 의식을 갖고 업소를 운영해야 할 것입니다.

5) 광주시 신청사 내 임대공간에 대한 입찰을 실시한 결과 예정가를
   훨씬 웃도는 가격에 낙찰이 됐다면서요?

☞ 광주시 신청사 임대공간에 입주할 업주들을 상대로 한 입찰 실시를 한 결과, 1평짜리 구두수선소가 예정가의 100배를 넘는 3,700만 원에 낙찰되는 등 대부분의 공간이 상상을 초월한 액수로 각각 낙찰된 것으로 나타났습니다.

구두수선소(1평)가 낙찰 예정가 34만 5,000원의 107.2배로 낙찰된 것으로 확인돼서, 입찰 관계 공무원과 입찰 참여업주들을 깜짝 놀라게 했습니다.

또 여행사(3평)는 예정가 130만 원의 30.8배인 4,000만 원, 구내식당(102평)은 예정가 3,633만 원의 2.7배인 9,700만 원, 제과점(50평)은 예정가 1,767만 원의 1.98배인 3,500만 원을 써 낸 업주에게 각각 배정돼 낙찰가 고공행진 현상이 두드러졌습니다.

요즘 경기에 비해서, 임대공간에 입찰가격이 매우 높은데 청사에서 만큼은 장사가 잘 될 것이라는 기대가 높은 것 같습니다.

아무쪼록 신청사에 들어가는 업주들의 기대처럼, 우리 지역경기가 좋아지면 좋겠습니다.

(2004.02.04. 방송)

47. 조류독감! 지역축산업 위기다

1) 민주당 후보를 결정하기 위한 여론조사 경선방식과 관련해 이제 가닥이 잡히고 있다면서요?

☞ 그렇습니다. 민주당 강운태 사무총장에 따르면, "일반 유권자 여론조사로 후보를 결정하는 지역의 경우 2월 중 적당한 시기에 여론조사를 거쳐 이 달 안에 마무리할 것"이라고 밝혔습니다.

여론조사 방법과 관련해서, 강 총장은 "후보자가 5명 이상일 경우 1차 여론조사에서 4명으로 압축한 다음 2차 여론조사를 실시, 오차범위(±3.2%, 6.4% 이내)일 경우 3차 여론조사를 실시하되 3차 조사에서는 오차범위와 상관없이 1위를 후보로 결정할 것"이라고 합니다.

그래서 일반 유권자 여론조사를 실시키로 합의한 광주 서구와 북을, 광양. 구례, 강진, 완도 등에서 여론조사가 실시될 것 같습니다.

점차 민주적인 방식에 의해서 상향식 공천이 이루어지고 있는데, 정말 우리 정치발전에 획기적인 변화라고 할 수 있습니다.

유권자들의 의견을 정당에서 수렴하겠다는 것인데 무엇보다도 여론조사를 할 때, 공정하고 투명한 조사가 이루어져야 할 것이고, 후보자들도 공정한 경쟁을 펼쳐야 할 것입니다.

2) 전라남도 지방의회 일부 의원들이 해외연수로 구설수에 올랐죠! 어떻게 된 내용입니까?

☞ 전남지역 광역·기초의회 의원들이 부정적 여론에도 불구, 수천만 원의 혈세를 가지고 잇단 관광성 외유에 나서고 있어 지역

민들의 비난이 쏟아지고 있습니다.

전남도 내 시·군의회 의장단협의회 등에 따르면 정옥성 의장단협의회 회장(구례군의회 의장)을 비롯해서 이정문 광양시의회 의장 등 시·군 의장단 16명과 공무원 등 34명은 10일부터 9박 10일 일정으로 미국 연수에 나섰습니다.

외유 경비는 모두 1억 2,800여 만 원이라고 합니다.

이들 의장단들은 지역경제 활성화를 위한 해외 투자유치와 선진지 교육시찰 등을 외유 명분으로 들고 있지만, 구체적인 일정을 보면 관광성 외유라는 걸 알 수 있습니다.

대부분이 라스베이거스, 그랜드캐년 국립공원, 콜로라도 등 관광지 방문 일색이기 때문입니다.

그런데 이런 관광성 외유는 이번이 처음이 아니고, 여러 번 문제가 되었습니다.

지난 연말에는 도의회 운영위원회 소속 의원들이, 3,400만 원의 불용예산으로, 4박 5일간 중국 관광길에 올라서 지역민들의 비난을 샀습니다. 또 도의회 교육사회위원장 등 8명의 의원들은 지난 2일 9박 10일 일정으로 피지와 호주·뉴질랜드 관광에 나서서 10일 귀국하기도 했습니다.

어려운 경제에 서민들의 한숨은 늘어 가는데, 주민들이 뽑아 준 의원들이 이렇게 관광을 하고 다니고 있으니, 정말 한심합니다.

장애인부부가 전기세를 못 내서 촛불로 불이 발생한 사건도 있었는데 이런 예산을 사회복지에 투자하면 생활고에 시달리는 많은 주민들에게 웃음을 돌려줄 수 있을 것입니다. 지방의원들의 각성을 촉구합니다.

3) 조류독감으로 인해 지역 축산업이 위기를 맞고 있다면서요?

☞ 그렇습니다. 특히 전 세계의 조류독감 확산과 광우병 파동 등으로 육류 소비가 살아날 기미를 보이지 않고 있는데다가, 해마다 되풀이되고 있는 가축질병 피해에 구제책도 미비합니다.

전남도에 따르면 지난해 12월 나주의 한 오리농장에서 처음 발생한 도내 조류독감은 의심신고만 26건에 달했으며, 26만여 마리의 닭과 오리가 살처분되는 등 큰 피해를 입혔습니다.

그러나 이후에도 동남아와 미국에서까지 조류독감이 확산되고 인체감염으로 숨지는 사건이 잇따라 발생해서, 소비위축에 따른 출하중단과 가격폭락으로, 도내 사육농가들이 도산위기에 직면하고 있습니다.

실제로 최근 닭고기 출하가격은 kg당 725원으로, 생산비(kg당 1,100원)에도 턱없이 못 미치고 있으며, 그나마 출하량도 50~70% 감소한 상태라는 겁니다.

오리의 경우는 문제가 더욱 심각해서, 소비가 90% 이상 줄었다고 합니다.

여기에다가, 광우병 파동으로 국내산 쇠고기마저 소비가 줄어들고 있다는 겁니다.

우리 지역의 특성상 축산업이 많은데, 이들 축산업이 위기에 쌓여 있어서 정말 큰일입니다. 매년 가축질병이 발생하면 살처분과 정부매입 등만 되풀이하고 있는데, 피해를 당한 축산 농가들의 피해를 보전해 줄 수 있는 장치가 필요할 것입니다.

오리사육 농가의 주장처럼, '쌀소득보전직불제'와 같이 가축에

대해서도 가격폭락에 대비하는 제도적 장치가 마련되어야 할 것입
니다. 그리고 소비자들도 닭이나, 오리, 소고기 등이 안전하다고 하
니까, 무조건 먹지 않으려는 태도보다는 좀 더 적극적인 자세가 필
요할 것 같습니다.

4) 광주시교육청이 효덕초등학교 앞 아파트 공사에 대해서 공사중지 가처분 신청을 내기로 해서 화제가 되고 있죠?

☞ 그렇습니다. 어제 광주시교육청은 광주 남구 진월동 효덕초등
학교 정문 앞에, 22층짜리 아파트 2동을 건립 중인 D건설에 대해
서, 학습권 침해 등의 사유로 광주지법에 '공사중지가처분신청'을
내기로 했다고 밝혔습니다.

현재의 계획대로 아파트가 건립될 경우에, 위치에 따라 오전부터
오후 1시 이후까지도 학교의 대부분이 아파트 그림자에 가려 아이
들의 학습권을 크게 침해한다는 것입니다.

실제로 학교 측과 회사 측이 시뮬레이션을 통해 점검한 결과, 이
학교 저학년동과 유치원 및 놀이시설 등에 대해서는 일조권이 심
각하게 침해된다는 사실이 확인되기도 했습니다.

이렇게 환경권이 침해되고 있는 상황에서, 건설업체에서 경제적인
논리만을 앞세우는 것은 좀 무리가 있지 않나 하는 생각이 듭니다.

건설회사가, 사업승인에 대한 법적하자가 없다는 주장만을 펼 것
이 아니라, 주민들과 초등학생들의 주장에도 귀를 기울여야 할 것
입니다.

 무료로
세상보기

5) 해양경찰청이 양식어업권 불법 임대에 대한 대대적인 수사에 들어
갔죠?

☞ 그렇습니다. 해양경찰청이 전국 각 해양경찰서에 기획 수사를
지시해서, 각 경찰서별로 오는 3월 말까지 수사전담반을 구성하고
형사기동정과 기동순찰정 등을 총동원해 임대, 매매 불법행위는 물
론 어업권 상태 현장 확인분석에도 나설 계획입니다.

이번 수사는 해양보존과 남획을 방지키 위해 마을 어촌계에 특
혜를 줘 인가한 패류채취 또는 양식어장이, 공공연히 불법 임대 또
는 매매돼 자원보호보다는 영리목적으로 이용되는 것을 막기 위한
것입니다.

어업권 임대 또는 매매는 적게는 수억 원, 많게는 수십억 원에
달한다는 것으로 알려지고 있는데, 이번 기회에 지금까지 근절하지
못한 나쁜 관례를 과감히 척결해야 할 겁니다. 해양경찰의 엄정하
고 공정한 수사를 기대합니다.

(2004.02.11. 방송)

48. 지역대학들, 신입생 미달되다

1) 정부가 국가균형발전 측면에서 추진하고 있는 수도권 소재 공공기
관들의 지방이전이 정부 배분 방식으로 이뤄질 전망이라면서요?

☞ 그렇습니다. 광주시에 따르면, 국가균형발전위원회(위원장 성
경륭) 주관으로 지난주 정부청사에서 열린, 전국 시·도기획관리실

장 회의에서, ‘수도권 소재 공공기관들을 충청권을 제외한 10개 시·도에 형평성 있게 배분한다.’는 기본 방침이 발표됐습니다.

이날 회의에서 나온 내용을 보면, 당초 이전대상 기관으로 발표됐던 245개 기관 중에서, 지방이전이 불가능하거나 규모가 작은 70여 개 기관은 대상에서 제외되고, 임직원들의 생활과 자녀교육에 문제가 없도록 중규모 그룹으로 이전한다는 방침입니다.

특히 행정수도가 이전되는 충청권을 제외한 나머지 10개 시·도에 지역적 특성을 감안하여 형평성 있게 배분한다고 합니다.

광주시는 이 같은 방침이 발표되자, ‘경매방식 이전’을 전제로 세워 놓았던 당초의 공공기관 유치계획을 수정·보완해 나간다는 방침을 정했습니다.

참여정부의 중요한 정책 중의 하나가, 분권화, 지방화라고 볼 수 있습니다. 이런 관점에서, 경매방식은 시·도간에 지나친 경쟁을 가져올 수도 있습니다. 또 그러다가 보면 균형 있는 국가발전이라는 이념이 훼손될 수도 있을 것입니다. 그래서 이번에 지역특성을 감안해서 배분한다는 것이 훨씬 균형발전의 이상에 적합하다고 보고, 그런 의미에서 광주시에서는 지역특성에 맞는 공공기관이 유치될 수 있도록 여러 논리도 개발하고, 정부를 상대로 해서도 각종 설득작업을 벌여 나가야 한다고 생각합니다.

2) 한—칠레 자유무역협정과 관련해 정부가 지원하는 각종 사업들이
   자부담 비율이 높아 영세한 농가에는 실질적인 혜택이 돌아가기가
   어렵다면서요?

☞ 전남도는 한·칠레 FTA비준안이 국회를 통과함에 따라서, 정부와 전남도는 피해가 예상되는 과수산업의 경쟁력을 강화하기 위해, FTA기금을 포함 총 1조 5,608억 원을 투입기로 했습니다.

기금 투융자 계획을 보면, 고품질 생산시설 현대화 지원에 7,625억 원을 투자하고 전업농 육성을 위한 과원 규모화사업에 1,875억 원, 과실생산 기반정비 사업에 635억 원, 농기계 임대사업에 300억 원을 7년간 연차적으로 지원해 나가기로 했습니다.

그렇지만 이들 사업 가운데 전액 국고로 지원되는 경우는 극히 일부에 불과한 것으로 나타났습니다(폐업보상금과 소득보전직불제 등). 또 과원 규모화 사업은 100% 융자로 진행되고, 고품질 생산시설 현대화 사업과 가공업체 현대화지원 등은 융자·자부담 50%, 농기계임대는 자부담 50% 등으로 영세한 도내 농가들은 혜택을 보기 어렵다는 지적입니다.

특히 융자금의 경우 은행권들이 담보를 요구할 것으로 보여서, 가뜩이나 부채에 시달리고 있는 과수농가들로서는 엄두조차 내기 힘들 것 같습니다.

정부가 지원하는 각종 투융자가 농촌의 상황과는 거리가 너무 멀지 않나 하는 생각을 해 봅니다.

농촌에서는 대부분 노인들이 많고, 경제력도 없어서 대출을 받아도 과연 얼마나 갚을 수 있는지가 의문입니다. 또 자부담 능력도 없

는 경우가 많습니다. 그래서 이런 지원책이 '그림의 떡'이나, 허황된 '장밋빛 정책'이 되지 않도록 국고지원을 늘리고 자부담비율을 좀 낮춰서 농민들에게 실질적인 혜택이 돌아가도록 해야 할 것입니다.

3) 경선 불공정 시비가 끊이지 않고 있죠?

☞ 그렇습니다. 광주·전남 지역 일부 민주당 경선 후보들이, 예를 들면 광주, 광산, 순천, 영암·장흥, 무안·신안, 나주 등에서 경선 방식이 불공정하다는 시비가 끊이지 않고 있습니다.

거의 기득권을 갖고 있는 현역의원들에 대한 불만으로 나타나고 있는데, 광주 광산구에서 후보경선에 나선 고재유 전 광주시장과 이근우 변호사는, "민주적 경선방식이 아닐 경우 경선을 거부하겠다."고 밝혔습니다.

이들은 "현 전갑길 의원이 당초 여론조사 방식으로 경선을 실시키로 해 놓고, 최근 이를 번복, 당원 50%를 포함하는 유권자 여론조사 방식을 추진 중인 것으로 알려졌다."면서, "100% 유권자 여론방식을 선택하라고."를 촉구했습니다.

또 영암·장흥지구당 상무위원회는 중앙당의 제동으로 연기됐는데, 이곳도 경선방식과 관련된 내용입니다.

상향식 공천방식을 하고자 한다면, 투명성과 공정성이 보장되어야 할 텐데 기득권을 가진 현역의원에게 유리하게 한다면, 상향식 공천이라는 민주적인 경선방식의 의미가 퇴색될 수밖에 없을 것입니다.

당내경선을 유권자들이 지켜보고 있다는 사실을, 경선 관계자나 정당관계자는 잊지 말아야 할 것이고, 불공정한 경선방식이 채택된다면, 상당한 경선 후유증도 있을 것입니다.

4) 지역 대학들이 신입생 미달로 추가 모집에 사활을 걸고 있다고요?

☞ 그렇습니다. 특히 2년제 대학들은 정시모집 등록률이, 60% 안팎으로 저조해서, 학생 부족으로 인한 심각한 재정난에 봉착할 것으로 우려됩니다.

이에 따라, 상당수 2년제 대학들은 정시모집 등록기간임에도 불구하고 한 명이라도 더 결원을 보충하기 위해 추가 모집에 총력을 쏟고 있습니다.

대학들이 추가 모집을 하고 있지만 사실 대학들이 추가 모집을 꺼려 왔었습니다. 왜냐하면 추가 모집을 하면 비인기 대학이라는 것을 자인하는 꼴이 되기 때문입니다.

그렇지만, 올해는 전남대를 제외한 광주·전남 4년제 대학 모두 추가 모집에 나설 방침입니다. 조선대는 21일부터 이공계 일부 과에서, 동신대와 호남대, 광주여대, 대불대 등 지역 4년제 대학들은 거의 모든 학과에서 추가 모집을 할 예정입니다.

16일 현재 대학등록률을 보면, 전남대와 조선대를 제외하고는 지역 4년제 대학의 등록률이 60∼80%대에 머물고 있습니다. 동신대와 호남대, 광주여대 등은 미등록률이 25∼35%이며, 도내 타 대학들은 이보다도 현저히 높습니다.

우리 지역은 다른 지역에 비해서, 대학이 많은데 대학이 이제 특성화 전략을 펴야 할 것입니다. 또 대학 학과 학생정원도 줄이고, 교수확보율이나 각종 시설들에 대한 투자를 늘려서, 경쟁력을 갖추어야 할 것입니다.

5) 광주과학고가 첨단단지로 이전되죠?

☞ 그렇습니다.

광주지역의 유일한 특수목적고인 광주과학고에 대한 과학영재학교로의 전환이 추진되고, 광주시 광산구 첨단단지로의 이설도 본격화될 전망입니다.

서광수 부교육감이 임상규 과학기술부차관과 면담을 갖고, 광주과학고의 과학영재고교로의 전환을 건의했는데, 이에 대해 임 차관이 긍정적으로 검토하겠다는 답변을 한 것으로 알려졌습니다.

광주과학고가 과학영재고교로 바뀔 경우에, 교육과정에 대한 학교 재량권이 확대되면서 전국단위로 우수 학생 모집이 가능한데, 부디 과학영재학교로 전환되어, 우리 지역에 있는 학교가 전국적으로 이름을 떨치길 기대합니다.

(2004.02.18. 방송)

제2부

거꾸로

언론보기

● 제2부는 저자가 광주전남 민주언론시민연합 '의장' 자격으로 참여한 '미디어 비평'
을 정리한 것임. 제1장과 제2장은 〈미디어오늘〉 및 〈무등일보〉에 실린 칼럼이며,
제3장은 〈시민의 소리〉에 기고한 '미디어 비평'을 4개의 주제별로 나누었다.

제 1 장 언론 제 모습 찾기

01. 언론이여! 사회통합기능을 수행하라

현대 민주사회에서 언론의 역할은 참으로 위대하다. 언론은 비판과 감시의 꿀을 먹으며 사회를 썩지 않게 하는 소금의 역할을 할 수 있고, 공정한 의제와 냉철한 논리로 다양하고 건강한 사회를 만들어 갈 수 있다. 그런데 최근 언론이 건강한 사회를 만들려는 노력보다는 정부와의 논쟁에 휩싸여 상대적으로 많은 지면을 그쪽에 할애하고 있는 듯하다. 언론이 비판에만 열중하여 사회 통합 기능을 제대로 수행하지 못한다면 우리 사회의 올바른 공기로서의 역할을 수행한다고 볼 수 없다. 언론은 건전한 비판을 통해서 우리 사회를 더욱 풍요롭고 건강하게 만드는 역할을 해야 한다고 본다. 쓰러져 가는 사람들에게 손을 잡아 주고 용기를 불어넣어 주며 부당한 권력으로부터 국민의 자유와 재산을 보장하는 기능을 해야 하고, 세대 간 노사 산 남녀 간의 차별과 불합리한 관행을 시정해 나가는 사회통합기능을 해야 한다고 본다. 그러나 최근 등장하고 있는 사안에 대해서 언론이 설정하고 있는 의제들을 보면, 사회통합기능을 제대로 하지 못하는 모습이다.

먼저 최근 자살관련 보도를 살펴보면, 매일 경찰청 통계를 인용하며 주변 사람과의 인터뷰 기사를 싣고 자살의 심각성을 보도하고 있다. 자살이 사회적인 병리현상으로 떠오르고 있는 상황에서 언론에서도 자살의 심각성을 보도하는 것은 당연한 것일지도 모른다. 그러나 그 속내를 들여다보면 자살을 단순 보도하는 것이 대부분이다. 이것은 자살하려는 사람들에게 새로운 용기와 희망을 주며 자살에 대한 돌파구를 마련해 주는 통합기능보다는 오히려 모방 자살을 부추길 우려도 있는 것이다.

둘째, 노사 간의 문제를 보도하는 형태도 마찬가지다. 노사 간의 갈등을 다룰 때 사용자의 시각에서 파업에 대한 손실액과 경제의 악영향만을 부각하고 있다. 사용자의 불성실한 교섭태도보다는 노동자의 파업에만 초점을 맞추고 있어서, 이것 역시 노사 양쪽의 불균형적인 보도로 사회통합을 기하려는 모습과는 거리가 멀다고 볼 수 있다.

셋째, 우리 지역의 한 대학에서 교수에 의한 성희롱 사건이 발생했는데도, 일부 언론에서는 아예 다루지 않거나 단순보도로 일관하고 있는 것을 볼 수 있다. 남녀 간의 건전한 사회의식을 고양시키고 통합하는 데 제대로 대응하지 못하고 있는 것이다. 보도된 내용을 보면 '성희롱'과 '성추행'마저 구별하지 못하고 양자를 혼용하는 언론이 대부분이었다. 그리고 관련 법률에서 규정된 공공기관의 성희롱예방교육의무, 성희롱 가해자에 대한 불이익 조치, 성희롱 재발방지 노력 등에 대한 내용은 전혀 반영되지 못했다. 이것은 직장 내 성희롱을 아주 미미한 사건으로 다루며 사회통합에 있어서 여전히 소극적인 면을 엿볼 수 있는 내용이다.

따라서 언론은 사회와 권력에 대한 각종 비리와 현상에 대해서 비판의 칼을 세우는 것과 함께 사회를 통합하는 기능도 수행해야 한다고 본다. 그리하여 우리 사회에서 소외되는 계층과 열악한 지

 세상보기

위에 놓인 사람들, 그리고 차별받는 여성 등에 대한 여러 가지 갈등을 해소하는 대안 제시에 충실해야 하는 것이다.

한편 언론이 사회통합 기능을 제대로 수행하기 위해서는 지역 언론인들에게 대한 사회통합 교육과 의식을 고양시켜야 한다고 본다. 변화하는 사회에서 국제적인 감각을 익히기 위하여 해외에 일정 기간 연수를 시키는 방안도 고려되어야 할 것이다. 그리고 여기에 소요되는 비용은 국가가 언론의 사회통합기능의 지원을 위해서 지불해야 하는 사회적인 비용이어야 한다. 즉 현재 논의 중인 '(가칭)지역신문발전지원법안'에서도 규정되어 있듯이 일정한 기금으로 충당해야 하는 것이다.

(2003.08.11 칼럼)

02. 사회의 건강성을 확보하라

최근 경제적으로 고통당하는 사람들의 신음소리가 여기저기서 들린다. 태풍 '매미'로 피해를 입고 망연자실하는 농민들을 비롯해서 생활고로 고민하는 사람들이 증가하고 있다. 또 우리 사회에 미래가 없다며 이민을 준비하는 사람들이 늘어나고 있고, 정년늘은 취업을 못해 구직노력 자체를 포기하는 사람들이 늘고 있다. 이렇게 되기까지는 희망과 꿈을 제시하지 못한 정부의 책임이 크지만 언론 또한 이에 예외일 순 없다.

언론은 우리사회가 건강해지고 웃음과 희망이 살아날 수 있는 씨앗을 길러 주는 기능을 해야 한다고 생각한다. 성실하게 일하며

노력하는 사람이 행복하게 살아갈 수 있도록 언론이 선도해 주어
야 한다는 얘기다. 또 한편으로 언론은 국가의 잘못된 정책이나 사
회의 불의에 대해서도 비판과 견제, 감시하는 기능을 소홀히 해서
는 안 될 것이다. 결국 언론이 기본적으로 사회에서 공유할 수 있
는 가치를 창출해 주어야 한다. 특히 사회의 그늘에서 고통당하는
사람들에 대해 관심을 유도하고 '나눔'의 기회를 확산시키게 될 때,
훨씬 건강한 사회로 성큼 다가가게 될 것이다.

그런데 요즘 태풍 피해와 농업개방 관련보도를 보면, 사회의 건
강성을 확보하기에는 조금 아쉬운 면이 있다.

우선 태풍 피해에 대한 보도를 살펴보기로 하자. 추석 연휴로 다
소 취재가 어려웠을 텐데 태풍 피해에 대한 현상을 빠르고 정확하
게 전달해 주었다는 점에서는 긍정적이라고 할 수 있다. 그렇지만
문제는 우리 지역의 일부 언론이 오로지 몇 명이 죽고 얼마만큼의
피해를 당했다는 식의 피해상황만을 전달하는 데 많은 지면을 할
애하고 있다는 점이다. 즉 피해 내용을 단순히 전달하는 데 머물러
많은 피해를 가져다준 피해 원인에 대해서는 냉정한 분석이 부족
했다. 그리고 이번 재해가 비록 불가항력적이었다지만, 이를 예방
하기 위한 시스템 문제에 대해서는 정확한 지적이 없었다. 이런 점
에서 태풍 피해로 상처 입은 사회에 건강성을 담보하기에는 다소
미흡했다고 할 수 있다.

한편 태풍 피해를 당한 주민들은 정부의 지원과 이웃의 따뜻한
위로를 필요로 하는데, 여기에 언론의 역할은 크게 작용할 수 있다.
즉 피해를 당한 주민들이 재해관련법에 따라 적절하게 보상받고
있는지를 감시하고, 국가의 각종 보상과 지원이 체계적으로 이루어

 모두의
세상보기

지고 있는가에 대해서도 심층보도가 있어야 한다. 그리고 법률규정이 미비하여 태풍 피해액의 산정과 보상 시스템에 구멍이 있지는 않은지, 지원금은 신속하고 현실에 맞게 지원되고 있는지에 대한 감시가 있어야 한다. 또 재해현장에 자원 봉사하러 달려간 사람들이 체계적으로 관리되고 있는지에 대해서도 점검하는 자세가 필요하다.

다음으로 점점 피폐해 가는 농촌상황과 농업개방의 파고에 대해서 눈을 돌려보자. 그동안 농촌은 도시에 비하여 국가정책에서 상대적으로 소외되어 왔고, 신문보도에서조차 관심을 끌지 못하고 있는 것 같다. 아마 독자들이 대부분 도시민을 중심으로 분포되어 있어 상업적인 논리가 작용하고 있는 듯하다. 지난 WTO 농업협상과 관련해 농민이 자살하고 이 농민의 장례식을 계기로 농민들의 집단행동이 점차 가속화되고 있다. 전남지역이 농업을 기반으로 하는 농도(農道)라는 점을 감안해 볼 때, 지역 언론들의 각별한 관심이 필요하다고 본다. 그래서 농업개방에 따른 정부의 협상전략을 점검하고 우리 농촌을 살릴 수 있는 방안들에 대한 지역의제들로 설정해 나가야 하고, 점점 고령화되어 가는 농촌 노인들의 복지문제에 대해서도 다른 지역과는 차별성 있게 접근해야 할 것이다.

이러한 언론의 노력이 계속될 때 우리 사회는 보다 건강해지고, 고민과 실의에 빠져 웃음을 잃어버린 사람들에게 웃음을 돌려줄 수 있을 것이다.

(2003.09.23 칼럼)

03. 지역 언론, 우려스러운 현실이다

모두들 경제적인 어려움을 호소하는 세태다. 이것은 지방언론도 예외가 아니어서 고사위기에 놓인 지방신문들이 많고 이를 살리자는 목소리 또한 높다. 더구나 우리 지역의 어느 신문사는 더 이상 정상적인 경영이 어려워 특정 건설업체에서 인수한다는 소식까지 들린다. 정말 열악한 지역경제와 신문시장을 생생하게 보는 것 같아 안타까울 따름이다.

이런 와중에 최근 국회에 제출된 '지역신문발전지원법안'을 놓고 일부 중앙지에서 왜곡하고 있는 논평은 한심스럽기까지 하다. 즉 일부 중앙일간지가 '내년 총선을 앞두고 여권이 이 지역의 비판여론을 무마'하기 위한 선심책 등을 운운하고, 호남지역 신문이 상당수 있음을 주장하며 권언유착의 가능성도 내비치고 있다. 그런데 이는 도저히 이해할 수 없는 내용이다.

이 법안은 의원입법의 형식으로 추진하지만, 이미 민주언론운동시민연합, 한국기자협회, 지역언론학연합회 등 7개 단체가 연대하여 협의한 내용이 대부분이다. 나는 이 법안에 지방언론을 활성화하기 위한 긍정적 역할이 분명히 있다고 본다. 지방분권과 풀뿌리 민주주의 정착을 위한 여론형성기능을 지원하는 데 더 큰 의의가 있는 것이다. 또 고사 위기에 놓인 지역신문들을 지원하자는 것은 대부분의 지역신문이 겪고 있는 공통적인 어려움인 것이다. 더구나 이 법안 어디에도 호남지역의 신문에 유리한 조항이 없음에도 불구하고, 일부 중앙지에서 '상당수 호남지역 신문'을 위한 거라는 주장은 지역 갈등을 부추기기로밖에 볼 수 없다.

 세상보기

한편, 우리 지역의 특정 신문이 결국 경영난 등을 이유로 건설자본에 인수될 거라는 소식이다. 그런데 이해가 되지 않는 점이 있다. 신문이 매년 적자를 내며 경영에 허덕이고 있는데 건설회사에서 군침을 삼키고 있는 것이다. 아마 경영의 수지타산에 앞서 뭔가 지역에 있어 또 하나의 메리트가 있는 것 같다.

그동안 일부 언론은 우리 사회에서 특혜와 권력으로 연결되는 통로였고 자사의 이익을 위해 꾸준한 역할을 해 왔다. 어려운 경영환경을 버티지 못하고 결국 새 주인을 맞이해야 한다는 것은 이러한 형태에 대한 당연한 귀결일지도 모르지만, 우선 측은한 마음을 감출 수가 없다.

이런 복잡한 마음을 뒤로하고 최근 물밑에서 이뤄지는 특정 언론기업의 거래에는 생각해 볼 일이 있다.

우선 신문사의 거래행위에는 내부 구성원에 대한 의견은 물론 동종업계 종사자, 그리고 시민들의 의견들이 상당히 존중되어야 한다. 그 이유는 명백하다. 신문사는 이익을 추구하는 기업이기에 앞서, 사회적인 공기(公器)로서의 기능을 가지기 때문이다.

이미 진행되고 있는 거래 당사자 간의 인수에 대한 구체적인 조건에 관여할 생각은 추호도 없다. 그렇지만 언론의 역할로 볼 때 우리 사회에서 묵시적으로 합의되어 있는 내부 구성원에 대한 인적(人的) 승계는 물론 편집권의 독립, 사주의 영향력 배제, 현행법의 범위 내의 노동조합 활동의 자유로운 보장 등이 전제되어야 할 것이다.

이러한 장치들을 마련하기 위해서는 현재 진행 중인 특정신문사의 거래행위가 일정정도 공개되어야 한다. 회사의 기밀을 요하는 경영사항 이외에는 공개적인 논의를 통해 언론기업의 존폐는 물론 그 향방이 예측 가능하도록 해야 한다는 것이다. 그래서 그동안 시민사회 단체가 지역 언론에 끊임없이 제기해 온 주장이나 요구들을 일정 부분 반영해야 할 것이고, 최소한의 이런 요구가 보장되지 못한다면 또 하나의 '건설회사 방패막이'가 생겨날 것은 당연한 일이다.

결국 지역신문지원은 우선 자본이 건전하고 편집권 독립을 확보하는 신문, 그리고 지역밀착형 보도로 지역민과 함께하는 신문에 우선적으로 이루어져야 한다. 결코 '모기업의 방패막이' 역할에 지나지 않는 신문에 지원의 혜택이 돌아가게 해서는 안 될 일이다.

(2003.10.28 칼럼)

04. 독자들의 참여는 보장되어야 한다
- 광주지방신문 '독자참여란' 눈총 -

지방신문은 지역민들의 여론을 지면에 반영하고 지역 목소리를 내야 하는 것은 두말할 나위가 없다. 특히 공공저널리즘 구현이라는 측면에서 농민과 노동자, 장애인, 동성애자와 같은 소수권리자들에게 관심을 갖고, 그들이 참여할 수 있도록 문호를 개방하는 한편, 적극적으로 참여를 유도해야 할 것이다.

그런데 광주지방신문들에게 이상한 일들이 벌어지고 있다. 공공저널리즘이라는 말조차도 꺼내기 어려울 정도로 '독자참여'에 대한 시스템이 가동되지 못하고 있다. 광주지역 11개중 일부 신문들은 독자들을 안중에 두지도 않고, 오로지 소수의 엘리트계층에만 관심

 신문으로
세상보기

을 갖고 있다.

신문기사의 제목이나 편집방향에서뿐만 아니라, 독자란의 운영에서 그대로 나타나고 있다. 이것은 인터넷 신문이나 중앙지들이 독자참여를 강화하고 상호 작용하려는 경향과는 매우 대조적이어서 주목된다.

필자는 최근 지역언론발전방향 토론회(광주전남언론학회 주최)에 토론자로 참여하는 과정에서 독자참여에 대한 부분을 유심히 살펴보는 기회를 가졌다. 그런데, 지역신문에서 벌어지고 있는 아주 놀랄 만한 일을 발견했다. 그것은 독자참여가 매우 소극적이고, 특정 직업군에 의해 점령당하고 있다는 것이다.

신문들이 운영하고 있는 '독자참여란'은, <독자의 소리>, <할 말 있습니다>, <사이버 게시판> 등 신문에 따라 명칭은 다르지만 대부분 고정란을 배치하고 있다.

그런데, 지난 12월 한 달간 광주지역 신문들을 모니터링해 보면, '독자참여란'이 파행적이고 수동적으로 운영되고 있는 것을 알 수 있다. 다른 지방신문과는 차별화해서 평가해 달라고 외쳐 왔던 광주일보의 경우, 일주일에 한 번 꼴로 독자들의 의견을 싣고 있어 쥐꼬리만 한 지면을 배치하고 있다. 그리고 대부분의 신문에서 경찰서나 소방서 직원들이 매일 등장하고 있는 특이한 점이 발견된다. 심지어는 특정인이 여러 신문을 번갈아 가며 동일한 제목의 글을 투고하고 있는 것을 볼 수 있고, 특정인이 특정신문의 독자란을 연속적으로 채우는 모습도 나타나고 있다.

예를 들면, 호남신문의 경우는 광산경찰서의 안 모 씨와 양 모 씨가 단골로 등장하고 있고, 무등일보는 조선대 외래교수인 박 모 씨가 연속해서 등장(12월 11일, 12일, 15일 등)한다. 또 광주타임스 12월 11일자에 실린 '무보험 대포차 범죄주범'이라는 안 모 씨의 글은 호남신문 12월 18일자에 그대로 실리고 있다.

또, 독자투고란이 특정 직업에 종사하는 사람들로 채워지는 까닭에 그 내용도 천편일률적이다. '교통사고 없는 연말을 보내자(전남일보 12월 13일)', '연말연시 음주사고 근절하자(광주매일 12월 18일)', '음주모임 잦은 요즘 교통사고 줄여야(호남신문 12월 16일)' 등의 내용이 그렇다.

이런 지적은 독자투고란이 파행적으로 운영되고 있는 '빙산의 일각'이며, 정도의 차이는 있지만 광주지방 신문 대부분에서 나타나고 있는 공통적인 현상이기도 하다. 물론 특정 직업에 종사하는 사람들이 '민중의 지팡이'로서 민중들을 계도하는 것에 대한 투고를 나무랄 생각은 추호도 없다. 필자는 지방신문 독자투고란의 파행적인 운영과, 소극적이고 수동적인 운영을 지적하고 싶을 뿐이다.

독자투고란의 파행적인 운영은 지방신문의 현실을 그대로 보여 주고 있는 대목이다.

지방신문 입장에서는 공공저널리즘으로서의 역할을 스스로 포기해 온 것이며, 독자들 입장에서는 지역신문들에 기고할 만한 메리트를 느끼지 못하고 있는 것으로, 지방신문의 여론형성이나 의제설정의 기능에 기대를 걸고 있지 않다는 것을 보여 준다.

한편, 총선이 100여 일 앞으로 다가옴에 따라 선거 입지자들의 기고가 눈에 띄게 증가하고 있다. 입지자들의 약력과 이름, 그리고

 세상보기

사진이 함께 실린 기고문이 늘어나고 있다. 물론 독자들에게 일정한 정보를 제공한다는 측면도 있지만, 언론의 공정성 시비나 특정 후보 편들기에 휘말릴 우려가 있다. 이것을 독자투고의 연장이라고 이해할 때, 입지자들의 각종 유혹에서도 벗어날 수 있는 신문사의 대책이 필요하리라 본다.

차제에 파행적으로 운영되고 있는 독자투고란을 개선해야 한다고 본다. 적극적인 독자참여를 유도하기 위해서 수용자(독자)들의 의식조사가 필요하고, 다양한 독자계층이 참여할 수 있는 방법을 제시해야 할 것이다.

(2004.01.01. 칼럼)

05. 지역신문이 죽어 간다

최근 지역신문이 경영상의 어려움을 겪고 있다고 한다. 이에 따라 국가차원에서 일정한 기금을 조성하여 지역신문의 지원에 나서야 한다는 의견이 제시되고 있으며, 또한 여러 단체에서 근거 법률을 제정하고자 노력하고 있다.

신문은 시민사회에서 없어서는 안 될 공기(公器)로서의 기능을 가지며, 민주사회의 다양성과 여론형성에 기여하고 있다는 점에서, 경제적 위기에 처한 신문사를 지원해야 한다는 입장에 원칙적으로 찬성한다.

그러나 지역신문 육성은 국가차원에서만 검토될 것이 아니라, 독자들과 시민 단체가 서로 힘을 모아야 하며 해당 신문사도 자체적인 개혁 노력을 게을리해서는 안 될 것이다. 해당 신문사는 지원에 대한 동의를 시민들로부터 얻어 내는 작업이 필요하다고 본다.

이러한 의미에서 지역신문 발전을 위하여 독자와 시민 단체들에게 일정한 역할을 당부하며, 신문지원에 대한 전제 조건으로 몇 가지 의견을 피력하고자 한다.

첫째 건전한 여론형성에 기여하고 있는 지역신문을 독자들이 아껴 주는 마음이 필요하다. 그래서 독자들은 지역신문에 대한 건전한 비판과 함께 지역신문 '봐 주기 운동'을 전개할 필요가 있다. 신문을 구독하는 사람들 10명 중에서 한두 명만이 지방지를 구독하고, 나머지 대부분의 시민들은 중앙지를 읽고 있다는 통계가 말해 주듯이, 현재 시민들의 지역신문에 대한 관심은 별로 없는 듯하다. 이것은 그동안 지역신문이 주민들의 의견을 정확하게 수렴하지 못했으며, 지역사회의 '아젠다(agenda)'를 제대로 설정하지 못했음을 말해 주는 대목이다.

현재 광주지역 시민 단체가 광산구청장의 소환에 대한 찬반 주민투표를 실시하고 있다. 그러나 우리 지역신문에서는 이 사실을 단 한 줄도 보도하지 않고 있는 신문들이 있는가 하면, 보도사진 한 장만 달랑 싣고 있는 신문도 있다. 또 자사의 사설에서는 주민소환의 필요성을 강조해 놓고 정작 기사의 편집에서는 슬그머니 빼 버리는 신문도 있다. 이것은 단체장의 부정부패에 대응하려는 시민들의 의지를 도외시하고 있는 부분으로 지역 신문이 지역사회의 아젠다를 제대로 설정하지 못함을 보여 주는 것이라고 할 수 있다.

둘째, 국가에서 언론을 지원하는 것은 바람직하지 않다는 의견도 있지만, 현재 중병에 걸린 언론을 일으켜 세워야 한다는 것에는 대부분 고개를 끄덕이고 있다. 그렇지만 나는 기회가 있을 때마다 주장한 바와 같이, 신문사의 지원에는 일정한 기준이 있어야 한다고 생각한다.

즉 지역밀착형 보도를 하고 있는 신문이 제일의 지원조건이 되어야 한다. 그리고 경영의 투명성이 확보되도록 제도적인 장치가 마련되어야 하며, 노사가 합의하는 편집규약이 제정되고 시행되어

야 한다. 또 독자위원회가 구성되어 독자들의 권리가 실현되도록
해야 할 것이다.

셋째, 지역신문사들은 공익의 기능을 충실하게 수행해야 한다.
보도 기사뿐만 아니라, 광고에서도 신문의 공공성이 담보되어야 한
다. 그런데 지역신문들을 보면 한두 개 신문을 제외하고는 대부분
지역신문에서 성인폰팅광고들이 실려져 있는 것을 발견하게 된다.
선정적 사진이나 문구와 함께 전화번호를 싣고 있는데, 이런 명함
크기의 광고들은 불건전한 퇴폐풍조를 부추길 우려가 있는 것으로
적절하지 못한 것이다.
한편, 시민들의 입장에서도 폰팅광고를 하지 않는 신문에 대해서
는 일정한 평가가 있어야 할 것이다. 성인폰팅광고를 수용했을 때
적지 않은 수입이 있음에도 불구하고 클린 광고를 고집하는 신문
사의 고뇌에 박수를 보내야 할 것이다. 아울러 이런 클린 광고운동
이 우리 지역 모든 신문사에 확대되기를 기대한다.

(2003.07.22. 칼럼)

06. 유혹의 손을 뿌리칠 수 있는가?
- 부끄러운 지역 언론 -

언론은 자칫 권력에 약해질 수 있다. 권력을 감시하고 부조리를
파헤치는 역할을 한다고 하지만, 열악한 경영환경에 처해 있는 지
방언론은 여러 가지 유혹에 노출될 수밖에 없는 것 같다. 광주지역

세상보기

에서 비리의혹을 받는 자치 단체장이 검찰조사를 전후로 지방언론사 보도·편집 책임자를 접대한 일을 두고 말이 많다.

박광태 광주광역시장이 대검 중수부에서 조사받은 것은 지난달 22일과 23일. 이틀 동안 조사를 받은 후, 박 시장은 현대로부터 3,000만 원을 받았다고 시인했었다. 결코 현대 비자금을 수수한 적이 없다고 장담하던 박 시장이 검찰에 출두하기 전에는 물론, 검찰 조사를 받은 후 광주로 돌아와서 제일 먼저 챙긴 사람들은 광주지역 언론사의 보도·편집 국장들이었다. 시장 및 시청 일부 간부가 이들과 함께 폭탄주를 돌리며 보도·편집 책임자들을 다독거렸다는 것이다.

아마 박 시장이 노련한 정치가이기에 언론플레이가 중요하다는 것을 알아서일까. 시민들의 여론으로 어쩌면 자신의 퇴진운동으로 번질 것이라는 예감(?)때문인지도 모른다.

여론을 호도하려는 박 시장의 언론플레이도 볼썽사납지만, 문제는 지역의 보도·편집 국장들의 부적절한 처신이다. 폭탄주를 곁들인 저녁 접대가 뇌물사건의 보도 논조에 영향을 미치지 않았다고 그 누가 장담할 수 있겠는가.

광주시장이 검찰에 출두한 후, 지역 신문들은 22일사와 23일자에서 대부분 이 사실을 주요기사로 이틀 다루고 있다. 그러나 검찰 출두 원인이나 배경에 대한 분석기사는 없었고, 거의 박 시장의 일방적인 주장만을 제목으로 뽑아서, 박 시장을 두둔하는 듯했다. 검찰출두를 하는 박 시장에 대해 '무죄'를 예견하는 듯한 제목을 붙이고 있는 것을 볼 수 있으며, 시청직원들의 우려의 목소리만 전할 뿐이었다. 그래서 시민들의 주장이나 반응은 거의 전달되지 않아

균형 감각을 잃은 보도 태도였다.

이처럼 지역 언론사 보도·편집국장에 대한 박 시장의 접대와 그 이후의 보도기사와는 상관관계가 분명 존재한다고 본다.

이런 상관관계로 드러나는 것은 지역 언론들의 도덕적 불감증이라고 할 수 있다. 권력을 감시해야 할 언론은 일반 기업이나 보통 사람들보다는 훨씬 도덕성이 요구된다고 할 것이다. 그렇지만 언론인이 사주(社主)에 맹목적으로 충성하거나 출입처와의 관계가 '좋은 게 좋다'라는 식의 태도, 접대받고도 당연한 것처럼 여기며 부끄러워 할 줄 모르는 것은 그만큼 도덕적으로 무감각해졌다는 것이고, '관언유착'이 관행화되어 있다는 것이다.

검찰조사를 받고 박 시장의 비리가 드러난 이후에도, 지역 신문은 지난달 27일부터 보도를 했지만 자치 단체장의 다른 비리연루 사건과는 달리 적극적이지 못한 태도를 보인다. 시민 단체가 박 시장의 사퇴를 요구하고 있는데도, 일부 신문은 이에 대한 자체목소리를 내지 않고 눈치만 보고 있는 듯하다. 또 어떤 신문은 박 시장이 해야 할 업무들을 나열해 놓고는 시장이 예산 확보활동 등의 업무들을 진행해야 한다는 이유로 시장의 '거취'를 논하기보다는 시정(市政)의 '공백'을 걱정하는 보도도 있다. 박 시장의 편들기에 급급한 것이다. 이렇게 박 시장을 두둔하는 듯한 보도 태도가 보도·편집 국장들과의 화려한 만찬에서 나온 결과가 아니란 말인가.

이번 일을 계기로 언론인들의 윤리의식이 좀 더 강화되길 바란다. 언론인들의 도덕 재무장 운동이 벌어져야 한다는 것이다. 공무원의 윤리강령에는 '3만 원 초과 식사 접대'를 금지하고 있는 상황이다. 이 점을 염두에 두고 언론사에서도 자체적인 도덕적 잣대를

 세상보기

들이대야 할 것이다. 언론사가 제정한 윤리규정에 따라 적절한 조치가 있어야 할 것이고, 독자들에 대한 사과도 함께 이루어져야 한다. 정작 언론인 자신은 부끄러운 행동을 하면서 남을 어떻게 감시하고 꾸짖을 수 있단 말인가.

(2003.11.05. 칼럼)

07. 건설업에는 신문사를 꼭 끼고 있어야 하는가?
- 건설자본에 넘어간 광주일보 -

광주전남 지역의 신문사 난립은 이미 알려진 애기다. 경제적으로 낙후되고 재정자립도 역시 전국최하위를 기록하고 있는데 오로지 신문사 숫자는 인구수에 비해서 과대 포장되고 있는 것이다. 이로써 신문시장의 왜곡은 물론 동종업종 간의 구조적인 희생이 뒤따를 수밖에 없다. 그리고 고사 직전에 놓인 신문사가 다른 기업에 의해 인수되는 일이 벌어지고 있다.

50년이 넘은 역사를 가진 광주일보가 지역의 유력한 건설자본에 인수된 것이다. 즉 광주일보가 대주건설을 주축으로 하고 있는 대주그룹으로 넘어간 것인데, 광주일보사와 무등빌딩을 350억 원에 팔기로 했다는 것이다.

그동안 광주일보가 지역사회에서 신문사의 맏형(?)으로서의 역할을 해 왔기에 나름대로 상당한 파장을 불러일으키고 있는 것도 사실이다. 그런데 신문사 거래행위를 놓고 한편에서는 '기대'를 거는 쪽도 있지만, 다른 한편에서는 '또 하나의 건설회사 방패막이'가 될 거라는 '우려'의 시각도 있다. 그동안 일부 지역 신문사가 권력 주변을 맴돌며 특정세력과 유착했던 전형적인 형태를 익히 알고 있기에, 이번 건설회사에 의한 지방신문사의 인수를 바라보는 심정은 더욱 걱정이 앞서고 있는 것.

거기에 광주일보의 대표이사로 선임된 손 모 씨가 언론에 대해서는 전혀 경험이 없는 사람이라며, 언론사 경영에 대한 자질문제가 거론되고 있기도 하다. 물론 새로운 대표가 개인적으로 볼 때 명문대학 경영학과를 졸업, 생명 보험회사 등을 거친 영업마인드를 갖춘 사람으로 이해할 수도 있다. 그렇지만 그의 걸어온 길에서 언론과 관련된 경력은 그 어디에서도 찾아볼 수 없다. 그래서 언론의 사회적 기능보다는 기업이윤 추구에 더 열을 올릴 우려도 제기되고 있는 것이다.

언론의 사회적 공기(公器)를 아무리 외쳐 봐야 뭘 하겠는가? 이미 광주일보가 대주건설로 인수된다는 얘기가 흘러나올 즈음에 광주일보의 지면을 살펴보면, 엉뚱하게 기사의 편집방향이 흔들리고 있는 것을 알 수 있다.

광주일보가 다른 신문에 앞서서, 무등산 환경파괴와 함께 산림조사 결과에 대한 왜곡 의혹을 지적한 사례는 다름대로 의미가 있었다. 다른 지역신문보다 앞선 특종이었고 개발의 논리에 대한 모순을 지적할 수 있는 부분이었기 때문이다. 무등산 자락 산림조사(林木度 또는 立木度) 결과가 왜곡됐다는 사실을 보도(광주일보, 03년 10월 10일과 11일 참조)한 것은 대체로 객관성을 지닌 보도로 평가할 수 있다. 무등산자락 아파트 신축을 위해 행정기관에 제출했던 산림조사 결과의 신뢰성이 크게 떨어진다는 지적이었는데, 이후 다른 신문에서 보도가 계속되었다. 그렇지만, 정작 의혹을 제기했었던 광주일보는 후속보도를 내지 않았다. 그 이유는 기사에서 왜곡 의혹의 대상으로 지목된 건설업체가 바로 광주일보를 인수한다는 사실이 알려졌기 때문이다. 장차 사주(社主)가 될지도 모르는 기침소리에도 꼼짝하지 못했던 신문편집 책임자의 주관적인 의도가 개입된 것이라고밖에 볼 수 없는 것으로, 신문사의 편집 방향이 쉽게 흔들릴 수 있는 현실을 단적으로 보여 주는 대목이기도 하다.

이제 광주일보가 거듭나야 한다. 새로운 경영진은 새로운 각오와 편집방향을 대외에 표명하여 지역사회의 공감을 불러일으켜야 할 것이다. 그래야만 건설자본에 의해 인수되는 신문사에 대한 일부 우려를 씻어 낼 수 있을 것이다. 그리고 지금까지 제기된 열악한 기자들의 근무조건을 개선해서, 기자들의 대우를 향상시키고 기자로서의 자부심을 갖도록 하는 것이 급선무일 것이다. 기자 역시 사주의 눈치만 살펴서는 안 될 일이며, 사주의 입김에 좌우되지 않도록 회사 내의 자정운동이 일어나야 한다. 그래야만 건설자본으로 넘어간 언론사가, 최소한의 사회적인 역할을 할 수 있지 않을까?

(2003.11.13. 칼럼)

08. 어서 해! 누가 잘하나 보자
-지역 언론 현안사업 갈등 부추겨-

광주광역시와 전라남도 간의 갈등이 심화되고 있다. 정부합동청사 신축, 2012 세계엑스포, 경륜장 유치 등 지역현안 사업을 놓고 양 지방자치 단체가 첨예하게 대립하고 있는 상황이다. 지난 24일과 25일에는 전라남도와 광주시가 각각 '시·도민께 드리는 말씀'과 '전남도 주장에 대한 시의 입장'이라는 성명을 발표하여 서로 노골적인 감정을 드러내기도 했는데, 지역 간에 분열현상이 더욱 확산되고 있는 것 같다.

이런 지역 갈등의 배경에는 여러 가지 원인이 있을 수 있지만, 그중에서도 지역 언론의 역할을 지적하지 않을 수 없다.

지역 현안사업에 대한 언론의 보도 태도를 살펴보면, 지역 언론들이 지역 갈등을 부추기고, 또 일부 신문은 갈등을 오히려 중계하는 듯한 보도 태도를 보이고 있다.

그리고 일부 신문은 지방자치 단체의 갈등문제를 해당 지역구 국회의원들의 주도권 다툼으로까지 확대해서, 경기의 관전 포인트(?)를 제시하기도 했다. 즉 '제2라운드', '주도권'이라는 용어를 제목에 배치하여, 지역 현안문제가 국회 예결위원회 노른자 자리 배정 여부에 따라 주도권이 달라질 수 있음을 암시하기도 했던 것이다(전남일보, 11월 18일자 3면 참조). 이는 지역현안에 대한 갈등을 조정하기보다는 오히려 갈등을 확대하고 재생산하는 일에 언론이 일조했다는 비난을 면하기 힘든 부분이다.

 세상보기

양 시도의 견해 차이를 좁히려는 대안 중의 하나가 노무현 대통령이 제시한 '협의체 구성을 통한 빅딜'로 지역현안사업의 빅딜(안)이었다(2003년 11월 7일). 이후 박광태 광주시장은 노 대통령의 빅딜 발언에 대해 찬성입장을 보였다(2003년 11월 17일). 그런데 이런 구체적인 빅딜(안)이 나오자마자 지역 언론은 이 대안의 검토 없이, 양쪽의 주장을 흑백논리로만 접근하여 신문제목에 배치하고 있다.

지난 18일 지역 신문에서는, '예스(Yes)'와 '노우(No)'만을 부각해서 갈등을 현저하게 부각하고 있는 것을 볼 수 있다. 예를 들면, <경륜장·정부합동청사·엑스포 등 – 지역 현안 '빅딜'은 없다>(전남매일)라는 제목을 배치한 것을 비롯하여, <박시장 "시도 현안 빅딜", 박지사 "그럴 사안 아니다">(광주타임스), <"시도 현안 빅딜 사안 아니다">(무등일보), <광주전남 현안 빅딜 딴 목소리>(광주일보) 등과 같이 전남도와 광주시 양측의 대립의견만을 부각시키고 있다.

이런 지방자치 단체의 주장과 논리를 대변하는 역할에는 관공서 출입기자들의 해당 출입처 편들기(?)가 한몫하고 있는 듯하다. 기자들이 특정 현안을 바라보는 시각은 다양해야 하고 왜곡되지 않아야 하는 것은 당연하다. 그런데 기자들의 기사 대부분이 출입처에서 제시하는 자료와 수장을 크게 벗어나지 못하고 있는 것을 알 수 있다. 그리고 이런 갈등을 유발할 수 있는 내용이 주요 지면의 제목으로 배치되게 되는 것은 흔한 일이다. 다양한 취재원을 발굴하지 못하고 근시안적인 사고의 틀을 개선하지 않고서, 어떻게 지역 갈등을 치유하고 사회를 통합할 수 있는 대안을 제시할 수 있겠는가.

한편, 지방자치 단체의 장은 자신이 임기 내에 현안 사업을 유치하고 가시적인 성과를 거두려는 단기적 시각을 가지는 경우가 많다. 특히 내년 총선과 차기 자치 단체장 선거에서의 자신의 홍보효과를 염두에 둔 전략이 다분히 있을 수 있다. 그런데 만일 언론이 이런 부분을 간과한다면, 자치 단체장의 장단에 맞춰 함께 춤을 추게 되는 꼴이 되고, 지역 갈등을 조장하는 상황에 놓이게 될 수 있음을 우려하지 않을 수 없다.

지역현안의 해결과정에는 언론의 역할이 중요하다. 그래서 지방 자치 단체가 서로 상생하도록 공론의 장을 마련하는 데 언론이 주도적인 역할을 해야 한다. 지방분권과 균형발전, 그리고 주민들의 삶의 질(質)을 향상시키도록 지역 언론의 관심이 모아져야 한다는 것이다. 또 갈등의 해결과정으로 여수와 나주시 등 기초 자치 단체의 의견을 광역자치 단체인 전라남도가 수렴하여, 광주광역시와 협의하는 과정을 거쳐야 할 것이다. 이때, 일정한 경우에는 중앙정부의 조정역할도 강조되어야 한다. 부디 언론에서 양 시도의 갈등문제를 차분하게 분석하려는 노력과 더불어 적절한 대안을 제시하길 기대한다.

(2003.11.27. 칼럼)

09. 살아남기 위한 몸부림을 아는가?
- 생존에 급급한 광주지역 신문 -

지역신문에 생존의 몸부림이 계속되고 있다. 광주에서 광주일보가 한 건설회사에 의해 인수되더니, 비교적 건전한 자본형태를 띠고 있는 무등일보는 모 건설회사의 대표가 신문사 사장으로 취임하기도 하였다. 이것은 지역신문사들이 극도로 위기상황에 놓여 있고, 생존을 위해서 '불도저'처럼 강력한 생존 드라이브 전략을 펴겠다는 의미도 내포되어 있다. 그리고 '적자' 신문사를 '흑자' 경영으로 바꾸려는 적극적인 경영전략이 전개될 거라는 것을 예측할 수 있다. 물론 자본주의 사회에서 이런 경영전략이 각광받을 수가 있을지도 모른다. 그렇지만 자칫 언론이 공격적인 경영논리에만 의존하게 된다면, 신문의 공익적 기능과 사회 통합적 기능 등 언론의 특수적인 기능이 무시될 소지가 있을 수 있다.

최근 어떤 신문사에서 기자들의 낮은 임금수준을 놓고, 신문사 경영진과 기자들 사이에 신경전이 일고 있다고 한다. 즉 기자들의 낮은 급여수준을 상향 조정하여 적절한 '보상'을 먼저 할 것인가, 아니면 경영진의 입맛에 맞게 신문사 이윤이 창출될 수 있는 '기여'를 해야 하는 것인가에 대한 부분이다. 경영진의 '보상'과 기자들의 '기여' 중 어느 것이 먼저 선행되어야 할 것인가에 대한 것이다.

그런데 필자는 양자의 우선순위를 따지기보다는 기자들에 대한 급여와 대우가 적정한 수준으로 이루어져야 한다고 본다. 기자의 근로대가로서 임금이 지급되는 것은 당연하고, 그것도 적절하고 공정하게 이루어져야 한다. 또 기자들의 회사에 대한 기여는 정당하고 적법한 범위에서 이루어져야 한다는 것이다.

여기서 경영진에서 기자들에게 요구하는 기여(?)에 대한 부분이 문제가 있음을 지적하고 싶다. 이를테면 신문사가 수익사업을 위해

서 골프장 사업에 손을 대며, 기자들이 각자의 충성도에 따라 수익
창출에 기여(?)하게 하고 있다. 그러나 신문사 경영진이 제시하는
모종의 사업계획에 대한 기여(?)는 신문사의 부당한 이익추구로 연
결될 소지가 있고, 다른 면에서는 기자들을 향한 경영진의 채찍도
숨겨져 있다고 할 수 있을 것이다.

또 이런 기여(?)는 종전에 문제되었던 출입처에서 기자들이 받는
촌지나 향응접대와는 비교도 안 될 정도로, 부정의 싹을 키우는 꼴
이 될 수 있다. 만일 사주나 경영진이 기자들의 정보력과 인맥, 언
론이라는 '칼' 등을 동원해서 신문사의 수익모델에 기여(?)하도록
계획하고 있다면, 신문사의 경영진은 지금이라도 이런 계획을 즉각
포기해야 할 것이다.

한편, 신문의 생존전략에서 광고수입을 빠뜨려서는 안 될 것이
다. 광고수입은 무시하지 못할 정도로 현실적으로 경영에 많은 영
향을 미친다. 그런데 마구잡이로 신문광고를 게재하는 것은 문제가
있다고 본다.

광주지역의 대부분 지역신문에서는 선정적 사진이나 문구와 함
께 전화번호를 크게 부각하여 성인폰팅광고들을 싣고 있다.

그러나 얼마 전까지만 해도 이런 불건전성에 타협하지 않은 신
문이 있었다. 즉 무등일보에서는 이런 광고를 게재하지 않는 소위
'클린(clean) 광고'의 이미지를 일정 기간 유지해 왔었다. 내부 구성
원들의 결단에 따른 결과로서 시민사회로부터 상당한 지지를 받아
오기도 했다. 그렇지만 신문시장의 현실은 성인폰팅광고에서 나오
는 수입에 대한 유혹을 뿌리치게 할 수 없었던 같다. 그래서 결국

 무등도
세상보기

성인폰팅광고를 게재하고 있는 것을 볼 수 있다.

대부분의 신문사에서 불건전한 광고를 게재하는 것은 상대적으로 건전한 광고주가 감소하고 있다는 것이고, 이런 성인폰팅광고수입마저도 없다면 신문사의 생존에 중대한 영향을 끼칠 수 있음을 보여 주는 것이다. 또 지역 광고시장의 열악성을 보여 주는 대목이고, 광고수입 감소로 지역 언론이 생존의 위기에 봉착해 있는 것은 쉽게 알 수 있는 부분이다. 이렇게 생존에만 급급해야 하는 지역신문이 어떻게 장기적인 시설투자나 기자들의 처우개선 노력을 할 수 있겠는가?

(2003.12.11. 칼럼)

제1절 본질을 파헤쳐라

10. 주민투표 외면하는 언론
– 광산구청장 주민소환 찬반투표 관련보도 –

광주지역 시민 단체가 광산구청장의 소환에 대한 찬반 주민투표를 실시하고 있다. 구청장 부인이 공무원인사와 관련하여 유죄를 선고받았기 때문이다. 그래서 오는 27일까지 광산구청 앞 고정투표소와 주민이 많이 모이는 장소 등을 순회하는 이동투표소 등에서 투표를 실시한다는 것이다.

그런데 광주일보를 포함한 일부 신문에서는 이 사실을 아예 보도하지 않고 있다. 이를 보도하고 있는 신문도 매우 소극적인 태도나, 투표의 결과적인 측면만을 강조하는 태도를 보이고 있다.

예를 들면 전남일보 <광산구청장 주민소환 찬반투표 – 시민들 "실효성 의문">(16일자)기사와 무등일보 <광산구청장 소환 찬반투표 실시 – 도의적 책임 공감 불구 실효성 회의적>(16일자)이라는 제목의 기사이다. 이 내용을 보면 구청장의 도의적 책임부분에 대해서는 공감을 하지만, 주민 찬반투표의 실효성에 대해서는 시민들의 목소리를 통해 '회의적'이라고 밝히고 있다. 또 광주타임스는 이 문제에 대한 보도사진만을 게시하고 있다(16일자).

주민소환[3]의 경우, 비록 현행법상 근거는 없지만 나름대로의 의미가 있다고 본다. 그 이유는 첫째, 지방자치제도 도입 이후 전국 최초의 단체장 주민소환 투표라는 점이고, 둘째, 투표 참여가 시민들에 의한 부패구조 추방이라는 상징성을 가지고 있기 때문이다. 그리고 셋째, 투표결과에 의한 객관적인 지표에 의해서 구청장 퇴진운동으로 이어질 개연성이 있기 때문이다.

그런데 지역 언론이 이런 중대한 의미를 저버리고, 투표결과의 효력유무나 주민소환제도의 법적 불비만을 가지고, 사안을 보도하고 있다. 이것은 지역의 '아젠다'를 제대로 설정해 나가지 못하는 단적인 예라 할 수 있다.

특히 광주일보는, <사설 - 지자체 걸림돌 된 단체장들>(14일자)이라는 제목에서, "단체장이 비리로 구속되면 지역이미지에 치명적인 손상을 입고, 지역발전이 더디게 된다."고 하면서, "주민소환제 등 단체장 견제기능의 확충 등도 뒤따라야 할 것이다."라는 주장을 하였다.

그렇지만 이 사설의 주장과는 달리, 광주일보는 주민소환을 위한 찬반투표에 대한 사실을 보도하지 않고 있다. 자사의 주장을 대변하는 사설과 보도 내용에 불일치를 보이고 있는 것이다. 즉 특정 사안에 대해서 일관된 논조를 유지하며 정론을 펼쳐야 하는 기본 자세가 흐트러지는 것을 알 수 있다.

차제에 사실에 대한 충실한 보도를 기대한다. 아울러 부패의 연결고리인 인사시스템을 개혁하는 방안에 대해서도 보도의 초점을 맞추어야 할 것이다.

(2003.07.17.)

---

3) 2006년 5월 24일 「주민소환에 관한 법률」이 제정되어 2007년 7월부터 시행되었으며, 이 법에 따라 지방자치단체장과 지방의회 의원을 소환할 수 있다. 다만 이글을 기고할 당시에는 관련법률이 마련되어 있지 않았음을 밝혀 둔다.

11. 나무만 보고 숲을 못 본 언론
- 12세 아동 자살 사건 관련 보도 -

지난 20일 초등학생이 보호시설을 탈출한 뒤 아파트에서 투신하여 자살하였다. 이 아동은 자신의 아버지에게 폭행을 당해 온 몸과 얼굴이 멍든 상태에서 아동학대예방센터에 맡겨져 생활해 왔다는 것이다.

우리 지역신문들은 이 사건을 충격적으로 보도하고 있다. 그런데 문제는 이 사건을 바라보는 시각에 있다. 즉 아버지의 가혹한 폭력이 어린아이를 죽음으로 몰고 갔다는 식으로 아동폭력에만 초점이 맞추어져 있다.

예를 들면 광주타임스 <죽음보다 무서운 '폭력아버지'> 기사(22일자)와 광주일보 <11살 초등생 투신자살 '충격'>(21일자) 기사가 말해 주듯이, 자살 자체에 대한 충격과 폭력아버지의 비정함에 초점을 맞춰 단순보도에 그치고 있다.

광주일보와 전남일보의 사설도 이런 시각을 크게 벗어나지 못하고 있다.

광주일보는 사설 <아버지가 무서워 죽은 아들>(22일자)에서 "가정 내 아동학대의 무서움을 그대로 드러낸 것이다."고 하면서, 이번 사건을 단순한 아동학대의 결과로 인식하고 있다. 전남일보도 사설 <11세 어린이의 투신이 주는 충격>(23일자)에서 "아동학대는 부모에 의해서 대부분 이루어지고…… 이를 근절하기 위해서는 신고정신을 기르는 것이 중요하다."고 하여, 아동학대에 초점을 맞추어 접근하고 있다.

물론 이번 초등생의 자살은 아동학대에서 비롯된 것은 틀림없다. 그러나 대부분의 언론이 아동의 자살원인을 아버지의 학대나 가정문제로

 모두의
세상보기

만 한정함으로써, 나무만 보고 숲을 보지 못하는 우를 범하고 있는 것이다. 즉 언론이 근시안적인 시각에서 벗어나지 못하고 있는 것이다.

그러나 이와는 다른 시각으로 사회적인 차원에서 접근하고 있는 무등일보 사설이 있다. 즉 <죽음으로 내몰리는 아이들>(23일자)은, "어린이들이 죽음의 길로 내몰리고 있는데도 우리 사회의 보호 시스템이 취약하다."면서, '희망의 밧줄을 마련하지 못한 어른들' 때문에, 죽음으로 내몰리는 어린이들이 있을 수 있다고 주장한다. 그래서 사회 전체의 책임을 강조하고 있다.

아동의 자살은 개인이나 가정문제차원에서 다루기보다는, 사회차원에서 바라보아야 하며, 지역복지 시스템에 대한 종합적인 접근도 시도되어야 한다. 따라서 차제에 지역복지 시스템을 점검하는 언론의 보도를 기대한다.

(2003.07.25.)

12. 성폭행과 성희롱 혼용하지 말아야 한다
- 대학 교수의 성희롱 사건 -

대학교수가 조교 사무실에 몰래카메라를 설치했다가 여성 조교로부터 고소를 당한 사건이 발생했다. 지난번에는 같은 대학에서 교수가 제자와 성관계를 가져 비난을 받은 바 있다. 그런데 우리 지역신문에서는 이를 아예 다루지 않거나 축소보도로 일관하고 있다.

예를 들면 전남매일의 경우에는 '가십'란(1일자)에서 간단히 다루고 있고, 광주일보는 <전남대 잇단 성추행 '말썽'>(1일자)기사, 전남일보도 <캠퍼스 '성추행' 공개를>(1일자)기사에서 '시각적 성희롱' 사건을 단순 보도하고 있다.

전남일보는 <사설 - 대학 내 성폭력 방치할 것인가>(2일자)라는 제목에서, "학교 이미지 타격을 우려해 무조건 쉬쉬하고 넘어갈 것이 아니라, 예방차원의 대책과 솔직한 대화 등 적극적인 노력을 기울여야 한다."고 보도하고 있다. 이것은 성희롱의 공개와 예방대책을 촉구하고 있다는 점에서 대체로 긍정적이다.

한편, 우리 지역신문의 성희롱 관련 보도와 관련하여 두 가지의 문제점을 발견한다. 하나는 성희롱과 성추행이 전혀 다른 개념으로, 각각 근거 법률은 물론 그 성립요건과 법률효과가 전혀 다름에도 불구하고 언론에서 아무런 구별 없이 혼용하고 있다는 점이다.

다른 하나는 성희롱 예방을 위하여 관련 법률에서, 1년에 1회 이상 성희롱예방교육을 의무화하고 있고, 성희롱 가해자에 대한 인사상 불이익 조치와 사용자의 재발방지 의무를 규정하고 있지만, 우리 지역의 어느 신문에서도 이에 대한 내용을 언급하는 신문이 없다는 점이다. 즉 해당 대학 교수들이 성희롱 예방교육을 제대로 받았는지, 대학 본부에서 현행법에 규정되어 있는 성희롱예방노력을 제대로 기울였는지, 또 성희롱이 발생한 후에 재발방지 노력은 제대로 되었는지에 대한 접근은 전혀 없다.

일부 사설 역시 피상적이고 단순한 내용으로 일관하고 있으며, 용어의 사용도 적절치 못하다. 차제에 성희롱에 대한 정확한 이해와 함께, 공공기관의 성희롱 예방교육 실태는 물론 재발방지 조치까지 점검하는 심층보도를 기대한다.

(2003.08.07.)

세상보기

13. 현상의 단순한 전달보다 해결책에 대한 관심 필요
- 태풍 피해 관련 언론의 보도 태도 -

태풍 '매미'는 많은 인명 피해와 함께 재산 피해를 엄청나게 남기고 떠나갔다. 우리 지역신문들은 이번 태풍으로 광주·전남 지역에서 사망·실종 자가 11명이나 되고 수백억의 재산 피해를 입었다고 보도하고 있다. 벼가 물에 잠겼고, 과일이 낙과했으며 담장이 무너졌다는 피해 상황을 15일자에서 일제히 보도하고 있는 것이다.

예를 들면, 광주타임스는 1면에<태풍 매미 전남 동부 강타 14명 사상·177억 피해>, 15면에 <대풍피해 주민 '망연자실'>, 광주매일도 <태풍 115명 사망·실종 ……복구 총력>는 물론, 광주일보 <전남 태풍 피해액 450억 넘어서>, 무등일보 <태풍 강타 전남 11명 사망 실종> 등 각 신문 1면 머리기사로 보도하고 있다. 그리고 피해상황을 담은 화보와 함께 관련기사를 여러 면에 걸쳐 실고 있다. 이렇게 대부분의 언론에서 피해상황을 앞 다투어 보도하고 있지만, 태풍 피해에 대한 원인과 예방대책에 대해서는 소홀하게 취급하고 있어 아쉬운 면이 있다.

자연재해가 발생하거나 발생할 우려가 있을 때, 언론의 역할은 중요하게 부각된다. 그 이유는 전문가의 의견이나 관계부처의 재난정보를 활용하여 재난발생을 예방할 수 있기 때문이다. 또 이미 자연재해로 피해가 발생했다면 그 피해를 줄이도록 초점을 맞추어 보도하여 유사한 재해가 재발하지 않도록 할 수 있기 때문이다.

다른 이유는 주민이 당한 피해를 재해관련법에 따라 적절하게 보상받도록 이를 감시하는 역할을 해야 하기 때문이다. 자연재해는 국가의 「배상」이 아닌 「보상」차원에서 해석되고 「지원」되므로, 근거 법률규정과 예산확보는 물론 정책지원의 공정성과 신속성, 현실성의 확보가 중요하다. 따라서 언론이 보상체계의 엉성한 면이나, 보상시스템의 문제를 파악하여 보도하는 것은 매우 의미가 있다. 그래서 광주타임스가 <"태풍 피해보상 현실성 없다">(17일자)라는 제목으로 비현실적인 보상내용을 보도한 것은 눈길을 끌기에 충분하다.

한편, 국가 자연재난의 시스템에 대한 문제를 제기하고 이에 대한 대책과 예방을 강조하는 신문이 있다. 즉 광주매일은 <피해복구 일손돕기 '비효율적'>(17일자)이라는 제목에서, 태풍 '매미' 피해복구 '일손돕기 사업'이 체계적이지 못해 농·어 민의 애를 태우고 있다며, 도 차원의 각 시·군 인력수급 조정시스템의 마련이 시급하다는 것을 지적하고 있다. 그리고 <사설 - 피해복구 체계적으로 하라>(18일자)와 <사설 - 국가 재난 시스템 문제 있다>(17일자)라는 제목에서도 "이번 태풍에도 인재(人災)의 요소가 많았다."며, "국가 재난 시스템을 재정비할 필요가 있음"을 강조하고 있다. 이는 재해에 대한 부분을 근시안적으로 보지 않고 장기적이고 국가 전체 시스템의 문제로 파악하고 있다는 점에서 다른 신문과 차별성을 가진다고 할 수 있다.

차제에 언론은 재해의 정도에 따라 국가의 예산이나 기금이 적정하게 사용 관리되고 있는지의 여부도 감시해야 할 것이며, 재해현장에서 자원 봉사하려는 사람들에 대한 체계적인 관리와 그 대안들도 제시하길 기대한다.

(2003.09.18.)

 세상보기

제2절 불공정한 보도가 문제다

14. 특정업체 홍보인가?
－휴가철 정보기사 관련－

본격적인 피서가 시작되어 지역 언론에서는 산과 계곡에 많은 피서객들이 몰리고 있다는 보도를 하고 있다. 그리고 휴가 지에서 체크해야 할 유용한 정보, 물놀이 질환 응급처치와 예방법을 제시하여 독자들의 눈길을 끌고 있다. 그렇지만 지역신문의 휴가와 관련된 보도를 보면 간과할 수 없는 문제가 있는데, 휴가정보를 가장해서 특정회사나 업체, 또는 상점을 홍보하고 있다는 점이다. 물론 자세한 정보를 독자들에게 제공하는 것과 특정업체를 홍보하는 것과의 한계가 애매모호하여 이 구분이 어려울 때가 있지만, 최근의 지역신문의 보도들은 특정업체를 염두에 두고 있는 듯 그 도가 지나쳐 특정업체의 홍보지를 능가하고 있는 것 같다.

예를 들면, 광주타임스의 경우, <목포 명물 '영란 횟집' － 입안에서 '사르르'>(28일자) 제목기사에서, 민어음식에 대한 자세한 소개와 함께 특정 음식점의 손맛과 민어의 맛을 구구절절 표현하고 있다. 남도음식을 자랑하고 있다는 점에서 수긍이 간다. 그렇지만, 특정음식점의 약도와 함께, 음식점 간판사진, 음식가격은 물론 예약 문의 전화까지 친절(?)하게 표시하는 것은 언론 보도의 한계를 넘은 것 같다. 또, <35만화소 '캔유폰 거리 시연회' 실시>(29일자)기사는 특정회사의 제품을 언급하면서 '첨단 최신의 기능을 갖춘 핸드폰'을 유난히 강조하며 시연회 소식을 싣고 있다. 그리고 이 기사의 바로 위에도 <'네이트 애드모아' 상용서비스 제공>(29일자)의 기사를 배치하여 특정회사 제품을 홍보하고 있는 것이다.

광주일보도 <고화질 카메라폰 '캔유' 본격 출시>(29일자)라는 제목으로 사진을 싣고 있다. 그리고 이 사진마저도 특정회사에서 제공한 사진으로, 'L회사가 판촉행사를 벌이고 있다'는 설명을 곁들여서 특정회사를 홍보하고 있다.

한편, 언론에서는 휴가에 대한 각종 정보의 제공 못지않게, 휴가철에 나타나는 사회적 병폐에 대한 감시역할도 간과해서는 안 될 것이다.

이런 점에서 호남신문은 좀 더 색다른 접근을 하고 있다. 즉 <'묻지마 바캉스' 인터넷 뜨겁다>(29일자)라는 기사에서, 휴가철과 여름방학을 맞아 인터넷 포탈 채팅사이트에서 '성매매'를 노골적으로 표현하며 휴가 파트너를 구하는 '묻지마 휴가'가 유행하고 있다는 고발성 기사를 싣고 있다. 그리고 다음 날 사설 <바캉스 섹스파트너 구한다니>(30일자)라는 제목에서, '공공연한 성파트너 구하기 공고는 너무 한다'고 지적하며, 피서지에서 성적 문란의 심각성을 폭로하고 있다. 이것은 휴가철에 나타날 수 있는 병폐에 대한 적당한 지적이며, 휴가철에 등장하는 새로운 풍속도를 고발하는 기사와 사설이라고 할 수 있다. 차제에 휴가 지에서의 바가지요금이나 건강 유해 식품에 대한 부분도 심층보도를 기대한다.

(2003.07.30.)

15. 침묵이 금인가?
－시금고 선정을 위한 개정조례안 부결 관련 보도－

광주시금고는 공개적인 선정방식이 아닌 수의계약 방식으로 광주은행이 선정돼 30년이 넘게 독점해 왔다. 최근 시금고 선정에 있어 안전성과 투명성, 그리고 수익성의 극대화를 위해 광주시금고 선정을 위한 조례개정이 필요하다는 시민 단체의 의견이 제시되고 있다.

이런 중에 광주시의회 행정자치위원회는 지난 2일 시금고 선정과 운영에 대한 객관적 기준과 근거를 마련하기 위해 제안된 개정조례안에 대해 출석의원 투표 결과 3대2로 부결했다.

이러한 시민 단체의 주장과 지방의회의원들의 의정활동에 대해서, 우리 지역신문들은 대부분 단순보도로 일관하고 있다. 광주시금고 선정 및 운영에 관한 본질적인 내용, 즉 시금고 선정방식, 시금고에 대한 객관적인 자격과 조건 등에 대해서는 별로 말이 없고, 조례안 부결결과와 시민 단체들의 반발소식만을 보도하고 있다.

무등일보는 <광주시금고 조례안 부결>(3일자)이라는 기사에서, 광주시의회 행정자치위원회가 또다시 시금고 조례안 제정을 무산시킨 데 대해 시민 단체들이 강력 반발하고 있다는 보도를 하고 있고, 전남일보 <광주시금고 조례안 부결>(3일자), 광주일보 <광주시금고 조례안 폐기>(3일자) 등의 기사도 거의 비슷하게 거의 단순보도로 일관하고 있는 것을 볼 수 있다.

지방의회 의원들과 시민 단체의 의견이 서로 상충된 부분에 대해, 그리고 엄청난 규모의 시금고 운영에 대해 지역 언론들은 그저 바라보고만 있을 텐가. 이미 다른 지방자치 단체에서는 공개경쟁으로 시금고를 선정하고 있으며, 최소한 제한경쟁을 거치고 있는데, 유독 광주시만이 고집하는 수의계약제도를 언론에서는 왜 침묵하는가. 적어도 지방은행을 살리자고 목소리를 내든지, 아니면 시민단체의 주장처럼 시금고 선정의 객관성과 수익성 등을 주장하든지 일정한 목소리를 내는 것이 합당하지 않는가. 이 문제에 대해 대부분의 지방언론들이 분석 기사나 심층 보도 없이 조용하게 넘어가는 것은 오히려 이상하기까지 하다. 제발 침묵을 통해서 특정 은행 보호하기에 나선 것이 아니길 바랄 뿐이다.

그렇지만 광주타임스는 사설을 통해서 자사의 주장을 펴고 있다. 광주타임스는 <사설 – 광주시금고 바꿀 때 됐다>(1일자)와 <사설 – 광주시금고 선정 조례개정 필요하다>(4일자)에서, "시금고 선정에 있어 지방은행 살리기도 중요하지만 안전성과 투명성은 물론 수익성 극대화를 통한 시재정 확충이 더 시급한 과제"라며, "엄청난 규모의 시금고를 지방은행 살리기라는 이유만으로 수의계약을 고집할 이유가 없다고 보인다."고 시금고를 바꿀 때가 됐음을 외치고 있다. 우리 지역 신문에서 그나마 이 정도의 목소리를 내고 있는 것을 퍽 다행스럽게 생각한다.

차제에 언론은 경쟁과 참여라는 시대의 흐름에 역행하는 집행부와 지방의회에 대한 감시의 눈초리를 늦추지 말아야 할 것이며, 시금고 결정과정에 객관성과 공정성을 확보할 수 있는 구체적인 논의의 장이 마련되길 기대한다.

(2003.09.04.)

16. 주재기자들 칼을 빼들다
유럽해외연수 기자 공짜동행 보도 태도

최근 순천시의회 유럽해외연수에 기자가 동행했던 문제로 순천 지역 시민 단체와 일부 언론 간에 뜨거운 공방이 일고 있으며, 순천기자협회 회원인 순천주재기자들이 시민 단체를 공격하는 '보복성 기사'를 썼다는 이유로, 법적 공방까지 이어질 전망이다.

시민 단체의 주장에 의하면, 순천시의원과 공무원 등으로 구성된 해외연수단이 지난달 9박 10일간의 일정으로 영국 등 유럽 5개국을 다녀왔는데, 여기에 순천주재 기자 2명을 포함시켜 시민들의 혈세를 낭비했다는 것이다. 이런 주장으로 심기가 불편(?)한 기자들이 시민 단체에 대해 보복적인 기사를 썼다는 것이다.

그렇지만 광주매일, 무등일보, 전남매일, 전남일보 등 일부 신문에서는 이에 직접 대응하기보다는 순천시민 단체들의 예산집행에 문제가 있음을 지적을 하고 있다.

예를 들면 광주매일은 <市' 퍼주기식 예산 증액'비난>(19일자)라는 제목에서, 시의 예산을 가져간 시민 단체가 이를 방만 운영했다며 보도했고, 무등일보도 <시민 단체 보조금 유용의혹>(19일자)이라는 기사에서, 보조금 유용의혹을 제기하고 있다. 전남매일도 <순천 시민 단체 예산집행 '의혹'>(14일자)기사와 <순천 시민 딘체 혈세 낭비 말썽>(19일자)기사 등을 통해서 문제를 제기하고 있다.

그런데 언론이 단순히 의혹만을 가지고 사실을 보도하는 것은 언론으로서 올바른 자세가 아니라고 생각하며, 시민 단체들이 해외연수 기자 공짜동행을 지적한 직후에 집중된 것으로 보아서 보도 시점도 부적절했다는 지적이다. 이런 점에서 시민 단체가 주장하는 보도기사에 대한 담합의 개연성이 상당히 높다고 할 수 있다.

만약 시민 단체를 흠집 내려는 의도에서 담합된 보도라면 해당 언론은 비난을 면치 못할 것이며, 그 반대로 언론보도가 사실로 밝혀진다면 시민 단체는 그 도덕성에 치명적인 상처를 입게 될 것이다. 차제에 언론은 시민 단체의 보조금 유용의혹에 대해서 객관적인 근거를 제시하여야 할 것이다.

(2003.08.21.)

제3절 갈등을 부추기지 말라

17. 지역감정을 부추기지 말라.
– 노무현 대통령의 민주당 탈당관련 보도 –

노무현 대통령이 지난달 29일 민주당적을 포기하며 민주당 탈당을 공식 선언했다. 대통령의 당적문제가 소모적인 정치공세의 원인이 되고 있어, 이 문제가 더 이상 정치 쟁점화되지 않도록 하기 위한 것이었다.

우리 지역의 신문들도 이를 앞다투어 보도하고 있는데, '배신', '착잡', '정치실험' '불안' 등 감정적인 용어를 사용하기도 하고, 그동안 보내 준 성원에 대한 사과를 요구하는 논조를 보이기도 했다. 또 대통령의 '무당적'에 따른 불안을 부추기는 듯한 신문도 있다.

즉 호남신문은 <"지역민에 대한 배신행위"성토>(30일자)라는 제목에서, 지역의원들의 발언을 통해 대통령의 탈당은 "광주전남 지역민들에 대한 배신행위"라고 보도하고, 다음 날 <사설 – '정치

 세상보기

실험’, 희망인가 불안인가>(1일자)라는 제목에서도, “……집권초기 대통령의 당적이탈은 앞날의 정국에 대한 희망보다는 불안을 증폭시켜 준다.”는 주장을 하고 있다. 또 <사설-민주당의 야당 선언과 반성>(2일자)이라는 제목에서도, “민주당과 그 후보에게 표를 던진 국민에게 대통령이 사과하는 것은 너무 당연하다.”며, 대통령의 반성을 촉구하며 특정정당을 두둔하는 듯한 보도를 하고 있다.

광주타임스도 <사설-노 대통령의 탈당 문제 있다>(30일자)와 <사설-지역민의 현명한 선택 필요할 때>(1일자)라는 제목에서 “……90%가 훨씬 넘는 표를 몰아주어 결정적으로 대통령에 당선시켜 주었기 때문에 실망감은 클 수밖에 없다.”며, 내년 총선에서 지역민들이 어떤 판단을 할지 주목해라는 주장을 하여 노골적인 감정을 드러내고 있는 듯하다.

이는 광주전남 지역에서 대통령에게 보내 준 성원에 대해 지역주민의 실망감을 대변하고 있는지도 모른다. 그렇지만 언론은 객관적이고 냉철한 판단력이 필요하다고 본다. 대통령은 「특정 지역」의 대표가 아닌 「국민 전체」의 대표이자 통치자로서의 지위를 가지며, 국정에 대한 책임도 국민 전체에 대해서 지게 된다. 그런데 일부 언론이 마치 대통령을 특정 지역의 전폭적인 지지를 받은 대표라는 이미지만을 강조하여, 지역감정을 부추기는 듯한 태노는 언론의 성숙한 모습이 아니다.

한편, 광주일보는 <사설-대통령 ‘無黨籍 시대’의 과제>(30일자)라는 제목으로, 대통령은 “새로운 정치력을 발휘해야” 하고, “신당과 민주당은 ……당당하게 정책으로 대결”할 것을 강조하여 앞으로의 과제를 제시하고 있다. 이는 언론이 균형성과 객관성을 잃지 않으면서 미래지향적인 과제를 제시하고 있다는 점에 그 의미가 있다. 차제에 언론은 대통령의 '무당적' 시대에 맞는 구체적인 실천과제를 제시해야 하고, 민생에 대한 현안에 대해서도 심층적 보도를 기대한다.

(2003.10.02.)

18. 헌법에 보장된 노동기본권을 제한하잔 말인가
– 고액 연봉 노동자들에 대한 보도 태도 –

여수산단 입주업체들의 생산직 노동자의 평균 임금이 5,000만~6,000만 원에 이른다는 보도다. 광주타임스는 <고졸 생산직 연봉 '1억 원' 이상 3명>(9일자)이라는 기사에서, LG칼텍스 측이 밝힌 자료를 인용하며 "지난해 1억 원 이상 받은 고졸 생산직 근로자가 3명, 9,000만 원 이상자가 20명에 달한다."고 하였다. 광주일보 <평균연봉 5,970만 원 '최고'>(9일자), 전남일보 <생산직 고액연봉 속속 공개 6,000만 원~1억 원대 다수>(12일자), 그리고 무등일보 <상당수 연봉 9,000만 원 이상>(12일자) 등의 기사도 거의 비슷한 내용의 보도를 하고 있다.

이런 임금수준은 우리나라의 임금구조상 상대적으로 높은 것이 사실이고, 나도 이에 대체로 수긍한다. 그렇지만 문제는 회사에서 제시한 자료를 언론이 그대로 인용함으로써 위험한 작업환경에서 근로자들이 겪은 산업재해나 성과급 분배에 대한 분배구조 등은 전혀 고려되지 않았다는 점이다.

신문 사설 역시 이렇게 많은 임금을 받고도 노조가 파업을 벌이고 있는 것은 이해할 수 없다는 논조를 펴고 있다. 즉 광주타임스는 <사설 - 연봉 1억 받고도 파업을 하겠다니……>(12일자)라는 제목에서, "임금이 결코 중앙의 일류기업에 뒤지지 않는다는 점에 유념해야 한다."라고 강조하고 있으며, 전남일보도 <사설 - 최고 대우 노조가 파업이라니>(11일자)에서, "지금 대다수 중소기업과 부도기업 등에서는 생산직들이 2천만 원에도 미치지 못하는 연봉을 받으면서 일하고 있다."며, "LG정유는…… 파업결의를 철회해야 한다."고 주장하고 있다.

결국 LG정유 노조는 파업을 철회하였는데, 사측에서 근로자의 임금을 공개해서 여론에 호소한 전략이 주효한 듯하다. 어찌됐던 개인적으로도 이러한 노사협상의 타결을 환영하며 지역과 국가경제 발전에 도움이 되기를 바라는 마음이다.

그런데 나는 일부 신문의 사설의 노동기본권에 대한 접근태도를 지적하고 싶다. 즉 "국민의 상대적 박탈감과 정서를 고려"해서 파업을 철회하라는 것은 노사관계에 대한 올바른 접근방법이라고는 볼 수 없다.

또, 소위 '귀족 노동자'라 할지라도 노동자들에게 부여된 노동3권은 존중되어야 한다고 보며 다른 근로자에 비해 상대적으로 높은 임금을 받는다고 하여 그들이 가진 쟁의권 행사를 막으려는 태도는 민주사회에서 대단히 위험한 발상이라고 생각한다.

노동자들의 권리는 오랫동안 그들의 피와 땀과 눈물을 통해서 쟁취된 것이기 때문에 헌법정신에 입각하여 법률로 보장받아야 한다. 그래서 법률에 의하지 않고는 제한받을 수 없는 것이다. 차제에 고액 연봉 노동자들에 대한 임금구조를 심층적으로 보도하길 기대한다.

(2003.08.14.)

19. 국정평가는 객관성과 신뢰성을 가져야 한다
- 노무현 정부 6개월 평가와 광양토론회 관련 보도 -

지난 25일로 노무현 대통령의 참여정부가 탄생한 지 6개월이 되었다. 개혁과 분권과 참여를 화두로 화려한 출발을 했지만, 경기가 회복되지 않아 각 여론조사 기관이 내놓은 국정운영에 성적표는 매우 낮았다.

우리 지역의 신문들도 노무현 정부 6개월을 평가하고, 대통령직속 동북아경제중심추진위원회가 주최한 '동북아 물류중심 로드맵 구상 국정토론회'에서 제시된 청사진을 지역언론들은 경쟁적으로 보도했다.

참여정부의 이러한 평가를 비롯한 여러 평가와 보도에는 객관적인 기준에 의한 신뢰성과 타당성을 담보해야 한다. 그런데 우리 지역 일부 신문에서는 지역정서를 포장하여 지역민의 편에서만 아쉬움을 토로하며, 평가의 객관성과 신뢰성을 결여하고 있음을 알 수 있다.

예를 들면, 호남신문은 25일, 26일과 27일자 각각 1면에서, 지역 감정을 곁들여 노무현 정부를 평가하는 것을 볼 수 있다. 여기에서 지역의 국회의원 몇 사람이 지역민을 대변하고 있으며, 노 대통령의 영호남 방문 횟수를 비교하여 참여정부의 6개월을 평가하고 있다. 즉 <믿었던 만큼 아쉬움도 컸다>(25일자)라는 기사에서 김 모 의원과 강 모 의원의 주장을 호남인의 정서로 대변하고 있는 보도형태를 보이고, <"당선되면 빚 갚겠다." 지역민 갈수록 의구심>(26일

세상보기

자)에서 노 대통령의 발걸음을 광주와 전남·북 행에는 더딘 발걸음으로 표현하고 영남지역 행에는 잦은 발걸음으로 비교하여 "빚 갚겠다."는 대통령의 인식에 변화를 보이고 있다는 보도를 하고 있다. 또 <국정운영 추동력이 없다>(27일자)라는 제목에서는 주로 민주당관계자를 통해 청와대보좌진의 물갈이를 주장하고 있다.

이러한 보도 태도는 지역신문으로서 지역민의 정서를 반영하고 있다는 측면에서 일응 수긍할 수 있을지도 모른다. 그러나 몇몇 정치인의 얘기를 이 지역민의 정서인 양 보도하는 것은 부풀리기의 전형이며, 대통령의 지역방문 목적이나 방문 배경과는 무관하게 지역방문 횟수만을 가지고 소위 '빚'을 운운하는 것은 객관성과 논리성을 결여한 것이라고 볼 수 있다.

이렇게 논리성이 결여된 주장은 자칫 영호남 간의 지역감정을 조장할 수도 있다는 점을 기억해야 할 것이다.

지역감정에 호소하는 듯한 언론의 보도는 광양토론회 관련보도에서도 그대로 드러난다. 즉 광주일보 <"부산항 앞당기고 광양항은 제자리">(28일자)라는 제목 기사를 보면, 기사의 내용에서 부산항에 대한 자세한 내용을 소개하기보다는 제목에서 부산항과 광양항의 지역 간 격차를 부각시키고 있다.

차제에 광양토론회에서 제시된 청사진을 차분하게 분석하여 현실화되도록 해야 할 것이며, 지역민의 정서에 호소하기보다는 지역균형발전이라는 맥락에서 접근하는 언론보도를 기대한다.

(2003.08.28.)

제4절 지역밀착형 보도를 하라

20. 정당 간에 대립·경쟁 부추기기에 급급
- 신당출현과 민주당 분당 관련 보도 -

원내교섭 단체를 구성한 '국민참여통합신당'(약칭 통합신당)은 원내대표로 김근태 의원을 선출하고 지난 20일 국회에 교섭 단체로 등록, '신4당체제'가 출범하였다.

우리 지역언론들은 이와 관련해 민주당 분당과 통합신당에 연일 보도를 집중하고 있다. 특히 일부 지역신문은 새로운 신당출현을 지역 내 대결구도로 축소 해석하려는 태도를 비추기도 하고, '분열', '양분', '균열', '선점', '신지역주의' 등의 용어를 기사제목에 배치하여 호남민심의 분열을 가속시키는 경향도 보이고 있다.

예를 들면, 호남신문의 <신당출범…… 호남민심 '양분' 조짐>(25일자)기사와 무등일보의 <지역정가 분열 가속화>(24일자)라는 기사는, 일부 입지자들이 정치적 이해득실을 따져 지역정가의 분열을 빠르게 일으키고 있다고 보도하고 있다. 또 전남일보는 <호남 표밭이 좌우>(25일자)라는 제목기사에서 호남표밭에 대한 공략을 은근히 강조하고 있으며, 광주타임스는 <지구당위원장을 선점하라>(25일자)라는 기사에서, 국민참여통합신당에 합류하면서 공석이 된 특정 지구당 위원장 자리를 놓고, 경쟁을 유도하며 '세불리기'를 부추기고 있는 듯한 보도를 하고 있다.

이렇게 우리 지역 언론은 신당출현을 놓고 분열적, 대립적, 경쟁적 시각으로 접근하고 있다. 이것은 화합과 협력 등을 강조해야 하는 언론의 사회통합 기능과는 괴리가 있는 것으로서 내년 총선에

 모두모 세상보기

서의 승리만을 염두에 두고 있는 일부 정치인의 의사를 반영하고 있는 듯하다. 또 특정 인사들의 출마 여부, '헤쳐 모여'에 따른 줄서기 등에 많은 지면을 할애하고 있는데, 이것은 지역신문의 눈높이가 다양한 독자들의 관심을 끌기에는 여전히 부족함을 느끼는 대목이다.

따라서 신당출현의 의미를 주민의 입장과 눈높이에서 접근하는 태도가 필요하리라고 본다. 즉 민생과 직결된 문제를 어느 정당이 어떤 비전을 가지고, 또 어떠한 방법으로 풀어 나가고 있는가. 특히 국정감사로 이어지는 시기인 요즘 통합신당과 민주당이 어떤 성과를 거두며 어느 정당이 국민에게 꿈과 희망을 줄 수 있는가에 대한 언론의 점검이 요청된다.

한편, 광주일보는 신당출현에 따른 '지역주의'를 경계하고 있어 다른 신문과 차별성을 보이고 있다. 즉 광주일보는 <사설 - 新4당체제, '지역주의' 경계를>(20일자)이라는 제목에서 "신4당체제가 출범하는 것을 지켜보면서 신당은 호남을 지역주의의 희생양으로 삼는 일이 없기를 주문한다."면서, "……최소한 양당 이상의 세력이 형성돼 서로 견제와 균형을 이뤄야 한다."는 보도를 하고 있다.

차제에 언론은 신4당체제에서 국민에게 희망을 줄 수 있는 징책이 나올 수 있도록 감시하는 역할에 주력해야 할 것이며, 자짓 호남의 지역주의에 기생하려는 일부 정치인을 대변하지 않도록 보도에 신중을 기해야 할 것이다.

(2003.09.25.)

21. 중앙에만 의존하지 말고 지역의 목소리를 내라
-정부의 이라크 추가파병 논란 보도-

정부의 이라크 추가파병 조사단 발표내용을 둘러싸고 논란이 제기되고 있다. 국방부 현지조사단의 이라크 파병 실사가 형식적이었다는 목소리가 높고, 재조사단을 파견해야 한다는 신중한 반응도 있다.

우리 지역에서도 현지의 정확한 상황판단이 중요함을 제시하고 이라크 현지조사를 다시 해야 한다는 주장도 있다. 그러나 지역의 일부 신문들은 아예 이 내용을 다루지 않았고, 파병반대 목소리에 대한 보도사진만을 싣거나 단순보도로 일관하고 있다.

예를 들면 광주타임스와 호남신문은 7일자에, 광주시민회관에서 이라크 파병반대를 요구한 단체의 보도사진만을 싣고 있을 뿐이다. 그리고 9일자에 호남신문과 광주일보는 <전남지역 전교조 교사 433명 이라크 파병반대 촉구>라는 기사를 싣고 있으며, 광주타임스도 순천시의회의 파병거부 촉구 결의문 채택 소식을 <"이라크 파병 명분 없어">(9일자)라는 제목으로 싣고 있다. 이렇게 파병 문제를 놓고 국론이 심하게 나누어지고 있는 상황에서 언론은 이에 대한 분석이나 심층보도 없이 단순보도하며 '반대'의 목소리만을 전하고 있다.

파병문제와 같은 국가의 안보와 직결되는 문제는 언론의 역할이 중요하다고 본다. 파병찬반에 따른 균형적인 시각을 지녀야 하며, 파병근거에 대해서 객관적인 논리로 독자들에게 판단 자료를 제시해 주어야 한다. 다시 말하면 찬반에 대한 갈등이나 분열을 부추기는 것보다는 차분한 태도로 한·미 관계, 국내외 정세, 국익(國益)

 보도로
세상보기

등을 종합적으로 고려하는 입장을 견지해야 한다는 것이다.

그렇지만 종합적인 접근이나 심층 분석을 하는 지역 언론은 찾아보기 힘들었다. 일부 신문의 사설만을 놓고 보면, 모든 것이 조사단의 상황파악에만 의존하려는 태도를 보인다. 즉 광주일보는 <사설-파병, 정확한 상황파악이 우선>(6일자)이라는 제목에서, "정세분석에 임하는 정부조사단은 추호의 예단이나 선입견이 있어선 안 된다."며 현지상황의 정확한 분석을 주장하고 있고, 전남일보 <사설-이라크 현지조사 다시 하라>(8일자)와 전남매일 <사설-파병조사단 보고 믿을 수 없다>(9일자)라는 제목에서도 재조사단을 보내라는 주장을 하고 있다. 물론 조사단의 정확한 현지조사는 매우 중요한 의미를 가질 것이다. 그러나 자칫 이런 현지조사만을 지나치게 강조하여 제대로 짚어야 할 문제가 등한시될 수 있음을 간과해서는 안 된다. 언론은 파병에 따른 토론의 장을 마련하고, 파병찬반에 따른 합리적인 근거를 제시하는 역할을 해야 한다. 이라크 현지를 재조사하는 것 못지않게 국론을 모으고 통합하는 역할이 중요하다는 것이다.

차제에 언론은 명분과 실리를 제대로 따지고 세계사적인 흐름에서 접근하는 자세도 잃지 말아야 할 것이며, 진보와 보수 간에 주장되고 있는 파병찬반에 대한 목소리를 균형 있게 보도하는 자세를 기대한다.

(2003.10.09.)

색인

∎ 약 력

법학박사
(전)광주전남 민주언론시민연합 의장
신문개혁국민행동 광주전남본부 집행위원장
언론개혁광주시민연대 신문방송위원장
대선미디어국민연대 광주전남본부 운영위원장
민주평화통일자문회의 자문위원
CBS광주방송 및 PBC광주평화방송 출연(미디어비평)
무등일보 칼럼 필진 및 편집자문위원
대통령직속 여성특별위원회 강사
법무부 인권옴부즈만
광주광역시청 근무
광주대학교 겸임교수
경원대학교 사회정책대학원 외래교수
현재, 서울특별시의회 입법조사관

∎ 주요 논문 및 저서

『현대생활과 법률』
『여성과 법률』 외 다수

독도
세상보기

초판인쇄 | 2010년 1월 25일
초판발행 | 2010년 1월 25일

지은이 | 박동명
펴낸이 | 채종준
펴낸곳 | 한국학술정보㈜
주 소 | 경기도 파주시 교하읍 문발리 파주출판문화정보산업단지 513-5
전 화 | 031) 908-3181(대표)
팩 스 | 031) 908-3189
홈페이지 | http://www.kstudy.com
E-mail | 출판사업부 publish@kstudy.com

등 록 | 제일산-115호(2000. 6. 19)

ISBN   978-89-268-0748-4 03070 (Paper Book)
       978-89-268-0749-1 08070 (e-Book)

이담 Books 는 한국학술정보(주)의 지식실용서 브랜드입니다.